年収200万円でもたのしく暮らせます

コロナ恐慌を生き抜く経済学

Takuro Morinaga
森永　卓郎

PHP
Business Shinsho

PHPビジネス新書

はじめに――年収200万円時代がやってくる

2020年、新型コロナウイルス（COVID-19）が世界を襲いました。
戦後最大ともいえる試練に直面し、各国がその対応に追われています。
政治や経済だけではありません。私たちの暮らしも一変しました。
大半の方は仕事にも支障が出たでしょう。投資をやっている方は、大打撃を受けたかもしれません。

もっとも、**私はコロナ禍による経済への影響（コロナ・ショック）が本格化する前に、投資用の株はすべて売却していたおかげで、大損害を逃れました。**

コロナ・ショックを予期していたわけではありません。その理由は、本編で述べていくとして、日本経済への影響は日に日に深刻さを増しています。

2020年3月26日に公表された政府の月例経済報告の景気判断から、6年9か月ぶりに「回復」の文字が消えました。事実上、景気後退入りを政府が認めたことになります。しかし、それは「終わりの始まり」にすぎません。

まもなく、過去に例のないほどの大不況が訪れるでしょう。

これまで30年間続いてきたグローバル資本主義が音を立てて崩れ始めているために、仮にコロナが収束しても世界的な大恐慌に発展する可能性が高いからです。市場は冷え込み、規模を問わず企業の倒産、従業員のリストラが相次ぐでしょう。みなさんの給料はどんどん削られていくに違いありません。

２００３年に私は、『年収３００万円時代を生き抜く経済学』（光文社）という本を上《じょう》梓《し》し、大きな反響を得ました。サラリーマンの平均年収は３００～４００万円にまで落ち込む。抜本的な生活スタイルの改革が必要だと訴えました。

いまの経済状況は当時より深刻です。おそらく、普通の正社員でも、業種・職種によっては、**年収２００万円台という人が大半を占める**ようになるのではないでしょうか。１００万円台の人が出てきてもおかしくありません。

そんななか国民年金や健康保険を払わなくてはいけない。光熱費や食費もかさむ。子供の教育費もある。趣味や娯楽にまでお金を回せない。

そうした時に必要なのは、「ライフスタイルチェンジ」。自分で考え、自分で決断し、少しずつ生活を変えていくことです。

長期間デフレが続いていた日本では、多くの人がなんとなく働いて、そこそこの暮らしができました。それは、ある意味で「バブルの時代」。これからは、違います。誰もが「年収200万円しかない」といった危機感をもち、生活スタイルを変えていく必要があります。

本書では、そのためのヒントをお伝えしたいと思います。

政府の膿《うみ》を出しきれ

本編に入る前に少しだけ、私が大きな問題と感じている点を述べます。

生活スタイルを変える前に、大前提としていま日本が置かれている状況をしっかり把握しておかなくてはならないからです。

まずは、政策について。はっきり言って、**新型コロナウイルスの感染拡大に対する日本政府の打ち出した対策は、お粗末といわざるをえません。**

新型コロナウイルスの感染者が日に日に増えていくころ、見かねた私は、ネットの連載で緊急提言しました。

「全員仕事を1か月休め」

「国民一人当たりに10～20万円現金給付」

刺激的な見出しを並べました。ですが、いずれも本音でした。

なかなか政策を打ち出さない政府に対して苛立ちも感じていたからです。私の提言を見たかどうかは別にして、その後、初の「緊急事態宣言」に伴う経済活動の自粛、10万円の現金給付といった具体的な政策として形になったように思えます。しかし、政府の拙速な対応にはまったく納得してません。

アメリカが一人最大1200ドル（約13万円）の現金給付を含む総額2兆9000億ドル（2020年4月24日現在、約310兆円）という大きな財政出動を構えるのと対照的に、日本では一人10万円の給付を含む約25・7兆円の補正予算に、第二次補正予算として約31・9兆円が積み増しされましたが、アメリカの5分の1、人口比を勘案すると6割程度にとどまるでしょう。

一律10万円の定額給付金や売上半減の中小企業に給付される最大200万円の持続化給付金は、一度限りの給付になっていて、コロナ・ショックに対する対応措置としては、十分とはまったく思えません。さらに、それが決まるまでの過程では、期限付きの商品券にするだとか、高所得者は対象から外すべきだとか、時間のかかる話ばかりしていました。

新型コロナウイルス感染拡大防止の対策に関しても同じです。市中感染が広がっているにもかかわらず、政府は市中感染率を知るための無作為調査を一貫して拒否し続けました。こうした態度は、確実に政策対応を遅らせ、被害を大きくします（実際にそうなりました）。

仮に新型コロナウイルスの感染が収束しても、それで終わりではありません。ウイルスが突然変異したり、まったく新しいウイルスが登場すれば、また同じことが繰り返されます。そうした事態に私たちは、どう対処したらよいのでしょうか。いまのうちに、適切な処方箋を見出し、日本政府にこびりつく膿を出しきることが必要です。

浮き彫りになった大都市一極集中の弊害

国内的には、**東京一極集中**という課題を抱えています。

実際、東京圏への転入超過は、もう24年も続いています。新型コロナウイルスは、そうした大都市を直撃しました。2020年6月1日現在、新型コロナの感染者が全国で1万6724人に対し、東京都の感染者数は5249人と、3割以上を占めています(厚生労働省：国内事例における都道府県別の患者報告数より)。東京や大阪といった感染拡大警戒地域では、イベントの中止や外出の自粛による影響が非常に大きく、一時は医療体制のひっ迫といった市民生活を脅《おびや》かす事態が生じました。

あらゆる面において、日本の大都市は限界を迎えているのです。

ほかにも、消費税増税の影響、地方衰退と少子高齢化、東京五輪バブル崩壊、年金問題など、課題は山積しています。はたして私たちの雇用、給料、生活はどうなるのか。

そして、この超デフレ時代はいつまで続くのか。

本書では、数年先を見据えた経済予測とともに具体的な対応策を論じていきます。


本書は3部構成です。

まず**【現状把握】**として、いま日本で何が起きていて、これからどんなことが起きるのかを俯瞰《ふかん》して分析していきます（第1章）。

さらに、日本にとって最大の「障害」となっている後手後手にまわる政府の対応について、今般のコロナ禍の対応と経済対策を振り返りながら、いまやるべき経済政策を提言していきます（第2章）。

続いて、**【経済予測】**では、アフターコロナの時代に日本の経済構造がどう変わっていくのかを展望します。また、アメリカや中国など海外の経済トピックスと日本への影響を分析します（第3章）。

そして、**【資産防衛】**です。いまは我慢のときです。リスクの高い資産運用は避けて、節約に励む。副業のために一芸を磨く。理想的なお金との付き合い方、働き方・稼ぎ方についてお話しします（第4章）。

さらに、「トカイナカ（都会と田舎の中間）」でノンビリと生活する知恵をお伝えします（第5章）。

これからの日本経済はまさに、「一寸先は闇」の状態。ビジネスパーソンはとくに、国内外の市場環境の変化を鑑《かんが》みて、次の一手を打たなくてはなりません。同時に、これまでの価値観にとらわれず、働き方や暮らし方を考えていくことが求められています。

景気が上向くのを待っていても、仕方ありません。これを機に、一人ひとりにとって理想的なライフスタイルとは何かを考えていきましょう。

経済アナリスト　森永卓郎

年収200万円でもたのしく暮らせます
～コロナ恐慌を生き抜く経済学◉目次

第1章 過去最大級の経済不況に備えよ!
～コロナ・ショックは「終わりの始まり」

第2章 最大の敵は国内にあり！

～コロナ対策で露呈した日本政府の弱点

第3章 これから日本経済はこう変わる！

～10年後の未来予測

第4章 日本株が危ない！

～成功する投資、失敗する投資

第5章 都会を飛び出し「トカイナカ」で暮らせ！

～自給自足で自律的に働く方法

記述した情報、データは2020年6月1日時点のものです。
なお、為替相場は1ドル＝108円、1ユーロ＝120円で計算しています。

第1章

過去最大級の経済不況に備えよ！

～コロナ・ショックは「終わりの始まり」

MORINAGA's
EYE

Q
01

コロナ・ショックとは?

グローバル資本主義の限界と秩序変化

中国・武漢を感染源とする新型コロナウイルスが、初めて世界に知らされたのは2019年12月30日のことでした。それからわずか5か月余りで世界の感染者数が約612万人（6月8日には700万人）を超える事態に陥り、世界各地で外出禁止令が敷かれるなど、私たちは戦後一度も経験したことがない苦境に追い込まれています。

この戦後最大の危機は起こるべくして起こったとも言えます。私には、**「コロナ・ショック」は行きすぎたグローバル資本主義への警告**ではないかと思えるからです。

1989年のベルリンの壁の崩壊以降、世界はグローバル資本主義への道を驀進《ばくしん》しました。その結果、所得格差が爆発的に拡大し地球環境が破壊されました。

新型コロナウイルスがもたらした惨禍、それは感染症の拡大だけに限りません。〝経済的な面も含む〟行きすぎたグローバル資本主義ゆえに起きたものであり、そうでなければ、これほど悲惨な状況にはならなかったと思われます。

グローバル資本主義によって惨禍がもたらされた**第1の理由は、国際間移動の爆発的な拡大**です。

たとえば、中国人海外旅行者数は2005年には約3000万人でしたが、2018年には約1億5000万人と、5倍に増加しました。仮に中国からの出国者が、グローバル資本主義が広がる前と同程度であったら、このような急速な感染拡大はなかったでしょう。新型コロナウイルスによる感染症は、武漢の風土病で終わっていた可能性さえあります。

第2の理由は、サプライチェーンの問題です。

グローバル資本主義の大原則は、世界で最もコストの安いところから部材を大量調達することにあります。しかし、それが思わぬ障害をもたらしました。

中国製の部品が調達できずに国内自動車工場がストップしたのを皮切りに、電気自転車などの製造が部品不足で困難になり、中国製のシステムキッチンやトイレが調達できずに工務店が顧客に建築した住宅を引き渡せない事態も生じました。

国民を悩ませていたマスク不足の問題も、生産の8割近くを中国など海外に依存してきたことが原因でしょう。

任天堂が中国の工場を稼動できずゲーム機「Switch」の出荷を停止し、ゲームソフト「あつまれ どうぶつの森」の人気爆発も合わせ「Switch」が品薄になり、量販店に客が殺到したことは大きく報じられました。

≪バブル崩壊は宿命だった

第3の理由は、バブルの崩壊です。

ニューヨークダウは、２０２０年2月12日の2万９５５１ドルをピークに、３月23日の1万８５９１ドルまで38％ほど下がりました。世界の株式市場も同様の動きを見せています。

多くの人が、これは新型コロナウイルス禍の影響だと考えているかもしれませんが、本質はそうではありません。

２０１３年にノーベル経済学賞を受賞したロバート・シラー教授（イェール大学）が提唱したシラーＰＥＲ（Price Earnings Ratio ＝株価収益率）という株価の割高・割安を測る指標があります。

この指標が25倍を超える状態が一定期間続くと、株価が暴落するというのです。ＩＴバブルの時は79か月、リーマン・ショック前のバブルの時は52か月で崩壊しました。そして今回は69か月でバブルの命運は尽きました。

このようにシラーＰＥＲをベースに考えると、**新型コロナウイルス禍が発生しなくて**

も株価の暴落は生じたと思われます。詳細は後述するとして、一つ言えることは、新型コロナウイルスはバブル崩壊のきっかけを作ったにすぎず、そして景気の谷は今後深くなっていくということです。

≪ 富裕層からお金が飛び立っていく

バブルの発生と崩壊は資本主義の宿命です。

17世紀のオランダでチューリップバブルが発生して以降、世界は大きなものだけで70回以上のバブルを経験してきました。

なぜバブルが生じるのでしょうか。わかりやすく言えば、人が働いて稼ぐのではなく「カネにカネを稼がせようとする」からです。

バブルの対象が値上がりし利益を得る人が出ると、それを見て買う人が増え、本来の価格を上回り、さらに値上がりします。その仕組みは富裕層にとてつもない富をもたらします。いまや、世界の富裕層で真面目に働いている人などほとんどいません。大半の人は何らかの投資で儲けています。そのバブルを新型コロナウイルスは、木端微塵《こっぱみじん》に破壊しました。

暴落は株にとどまらず原油、仮想通貨、低格付けの債券など、あらゆる金融商品に広がっています。**2021年には、都心の商業地の地価も暴落に見舞われるでしょう。**

富裕層の多くが借金をして投資をしているため、彼らの多くが今後、破産者になっていきます。投資商品は値下がりしても借金は減らしてもらえません。そうなると、新型コロナウイルスの悪影響が、現在の実体経済の悪化から、金融危機へと発展していく可能性は十分高いと考えられます。

まさに、終わりの始まり。金融所得で暮らす富裕層が破産するだけでは済まないでしょう。

お金の世界はつながっています。バブルの崩壊が、庶民の暮らしを巻き込んでいくのは避けられません。

≪露呈した大都市集中問題

私が最も強調しておきたい**第四の理由は、大都市一極集中**です。

金融資本主義は、大都市集中をもたらします。株式投資のような金融取引はネットを通じてできますから、一見地方分散が可能なように思えますが、実態はそう単純ではありません。

実際、世界には無数の都市があるものの、金融センターと呼ばれるのは、ニューヨークやロンドン、東京など、両手で数えられるほどしかありません。

そこに人口が集中していきます。実際、東京圏への転入超過は1996年から2019年まで24年も続いています。

新型コロナウイルスは、そうした大都市を直撃しました。6月1日現在、日本の新型コロナウイルスの感染者は、東京都民が3割以上を占めています。

東京や大阪といった感染拡大警戒地域では、イベントの中止や外出の自粛で大きな影響が出ました。医療機関はひっ迫し、軽症者等はホテルを病院代わりにして隔離されたのはご存じの通りです。まさに市民生活を直接脅かす事態が生じたのです。

MORINAGA's

EYE

Q 02

コロナ禍が収束すれば、日本経済はV字回復するか？

油断禁物。「首都直下地震」が1年以内に起きる可能性大

２０２０年5月25日に緊急事態宣言が全面的に解除になったものの、本書執筆時点（２０２０年5月下旬）では、新型コロナウイルスによる感染症の拡大はまだ収束する気配が見えません。そして、仮に感染が収束しても、それで終わりではないと認識すべきです。**ウイルスが突然変異する、あるいは新しいウイルスが登場すれば、また同じことが繰り返されます。**

つまり、今回のコロナ禍が収束したところで、安寧の日々がやってくると保障されたわけではないということです。それどころか、近い未来、私はさらなる危機が日本を襲うと予言します。

首都直下地震です。

早ければ1年以内、２０２１年中までに東京を中心とする首都圏に最大規模の地震が起きる可能性は十分高いと考えています。新型コロナウイルスで疲弊した東京を大地震が襲ったら……。考えただけでも恐ろしい事態ですが、それは決して絵空事ではないのです。

内閣府に事務局を置く中央防災会議の防災対策推進検討会議の下、首都直下地震対策検討ワーキンググループが、２０１３年12月19日に首都直下地震の被害想定と対策について最終報告を発表しています。それによると、**今後30年以内に70％の確率で首都直下のマグニチュード7クラスの地震が発生するとしています。**最悪の被害想定は死者2万3000人、建物の倒壊・焼失61万棟、経済的被害は95兆円にものぼります。

≪地震と火山の歴史から導かれる2020年説

「30年先なら、当分心配しなくてよいだろう」

そう安心していると痛い目をみるでしょう。

京都大学大学院人間・環境学研究科の鎌田浩毅《かまたひろき》教授が地殻変動について研究されているのですが、歴史的な地殻変動の場所とタイミング、順序が現代と似ているという点を指摘されています。

(1) 850年…三宅島《みやけじま》噴火
(2) 863年…越中・越後地震
(3) 864年…富士山噴火
(4) 867年…阿蘇山《あそさん》噴火

（5）869年：貞観《じょうがん》地震（三陸沖）
（6）874年：開聞岳《かいもんだけ》噴火
（7）878年：相模・武蔵地震

これを現代の地震と火山の噴火を照らし合わせると次のようになります。

①2000年：有珠山《うすざん》噴火
②2004年：新潟県中越地震
③2009年：浅間山噴火
④2011年：新燃岳《しんもえだけ》（霧島山）噴火 ※2018年にも爆発的噴火
⑤2011年：東日本大震災（東北地方太平洋沖地震）
⑥2014年：御嶽山《おんたけさん》噴火、阿蘇山噴火 ※2016年が爆発的噴火
⑦**202?年：首都直下地震?**

863年に越中・越後で地震が発生し、その6年後の869年に貞観地震という三陸

沖を震源とする地震が起きました。その9年後の878年に相模・武蔵地震という首都直下地震です。それを現代に引き直してみます。2004年に新潟県中越地震があり、その7年後に東日本大震災が起きました。平安時代とは1年ずれていますが、わずか1年にすぎません。

そして、**貞観地震の9年後に相模・武蔵地震という首都直下地震が起きたのと同様、2011年の東日本大震災の9年後に首都直下地震が起きるとしたら2020年**です。東日本大震災も1年ずれていますから2021年かもしれません。鎌田教授だけでなく、「その可能性は十分ある」「極めて高い」と予測する地震の専門家はかなりいます。

私は地震の専門家ではありませんが、鎌田教授の話には合理性があると考えています。地震のメカニズムは、プレートがマントルの上を動き、プレート同士がぶつかる場所に歪《ゆが》みがたまっていくことがエネルギー源となることはよく知られています。歪みがたまり耐え切れなくなってプレートがずれる時に発生するのが大地震です。

2011年の東日本大震災では、三陸沖でプレートが滑りました。ずれが生ずると、ずれていないプレートにさらに大きな歪みが生じます。2019年ぐらいから茨城県沖で地震が頻発していますが、私は首都圏を襲う大地震が来る予兆だと考えています。

首都圏を襲う火災、そして水害の恐怖

新型コロナウイルスで疲弊した東京が、首都直下地震に襲われたらどうなるでしょう。都市機能が壊滅するぐらいでは済まないと思います。

首都直下地震対策検討ワーキンググループが出した最終報告では、都心部より、そこに隣接した住宅地域の火災発生による甚大な被害が想定されています。現在、世帯が多く暮らす住宅密集地帯は火の海になり、最大で約61万棟が焼失。東京の市街地が事実上「消える」ということです。

東京の新型コロナウイルスの感染者数も、専門家によっては60万人以上いるのではないかといわれますが、大地震が起きれば、それ以上の被害が想定されます。

1996年以降、24年も転入超過が続き、一極集中が加速化する東京を、新型コロナウイルスと首都直下地震が破壊するのではないでしょうか。それを前提に、私たちはライフスタイルを考えていかなくてはなりません。

さらに、大型台風で河川が決壊するおそれもあります。

2019年10月に日本列島に上陸した台風19号は、東海、関東地方を中心に激しい雨

を長時間降らせ、河川の氾濫《はんらん》や土砂災害など広範囲に大きな傷痕を残しました。大型台風が今後も日本列島を襲う可能性は十分考えられます。そして、都心を直撃すれば、その被害は甚大なものになるでしょう。

前出の中央防災会議の「大規模水害対策に関する専門調査会」は、2008年に荒川の洪水氾濫時の被害想定を発表しました。それによると、200年に1度の発生確率の洪水により墨田区墨田地先で堤防が決壊し、避難率40%の場合、排水施設が稼働しないケースで死者数は約2100人としています。さらに**3割増の洪水量であれば、死者数は約4500人**にものぼると予測します。こうした危険な場所に人を集中させたこと自体が、国土政策として誤りだったといえます。

大阪も同じです。日本のほとんどの大都市は沿岸部にあります。千代田区の日比谷付近も江戸開府の頃に埋め立てられた土地で、そもそも地盤がよくないのです。それなのに、都心部に企業が本社を構え、商業施設や飲食店ができ、人が集まっているのです。

危ないと言われても都心に住んでしまう心理は、都市機能、金融など、あらゆるインフラが都心に集中していることが主因です。そうした目先の欲に目がくらみ、企業も個人も客観的、総合的に将来展望を描けなかったということに尽きるでしょう。

MORINAGA's EYE

Q 03

なぜ、日本株を売ったのか?

バブル崩壊は必然! 今後、世界全体で株価は下落していく

バブルの崩壊に話を戻しましょう。

繰り返しますが、今回の世界的な経済低迷の本質は新型コロナウイルスの感染拡大ではなく、バブルの崩壊です。

リーマン・ショック時に一時的に崩れたものの、中国が異常な規模の投資をして世界経済をバブルに戻してしまいました。そのバブルが本格的に崩壊したいま、株価はさらに下落するのは想像に難くありません。

「はじめに」で触れたとおり、今回のコロナ禍による経済への影響が本格化する前に、私は投資目的の株をすべて売却しました。「全部売った」のではなく、株主優待が目的で保有している株式は売る必要がありませんから、手元に残しました。

自分を〝相場の神様〟などと言う気は毛頭ありませんが、理由を説明しておきます。

２０１９年12月19日、『報道１９３０』（ＢＳ-ＴＢＳ）という番組にゲスト出演したのがきっかけです。「米中バブル崩壊前夜？　日本でも増幅するリスク　株・不動産に危険信号」という番組テーマで、他にも経済の専門家が一緒でした。

私は以前から「バブル」と言い続けてきたのですが、そのときの討論を通じ、全員「バブルだ」ということで意見が一致したのです。**「これは、１００％はじけるぞ」**という確信を得ました。

《株価の割高指標から「バブル崩壊」を確信

バブルを予感させる証拠はさまざまでしたが、とくに信用に値したのが、前にも触れたロバート・シラー教授の「**シラーPER**」。通称、ケープ（CAPE:Cyclically Adjusted Price Earnings）レシオです。

ケープレシオは、日本では「景気変動調整後PER」とも呼ばれ、株価の割高・割安を測る指標として使われるものです。

通常のPERは、「株価÷一株当たり純利益（EPS）」で算出します。ところがシラー教授は、バブルが膨らむと分子の「株価」も増えてしまうことに気付きました。

バブル期には、利益自体が水増しされます。保有する不動産の資産価値や保有する株価が上昇するなど、企業活動以外の利益が膨らむことが主な原因です。それに比例して分母の「一株当たり純利益」も大きく跳ね上がり、結果、実際より割高感が出なくなってしまいます。

それに気付いたシラー教授は、物価上昇率で利益を実質化するとともに、過去10年分の実質利益の移動平均（時系列データを平滑化するトレンド分析の手法）を分母に用いることにしました。つまり、その年の利益ではなく過去10年分の実質利益の平均でＰＥＲを計算したのです。そうすることで景気循環の影響が調整されるため、株価が本当に割高かどうかをほぼ正確に導き出せることを発見しました。

このシ**ラーＰＥＲが25倍を一定期間継続して超える、すなわちバブル状態が一定期間続くと必ずバブルがはじける**というのが、これまでのパターンでした。

先述したとおり、２０００年代初頭のＩＴバブルの時は79カ月、２００９年のリーマン・ショック直前もバブルだったのですが、これが52か月ではじけました。

『報道１９３０』の放送時は68カ月だったと思います。過去の事例からもう十分、満期に達していました。ですから、私は番組で「バブルははじけるぞ」と断言しました。

≪経済が低迷しているのに「史上最高値」を記録

バブルがはじけると断言した根拠はそれだけではありません。

アメリカで長短金利の逆転（逆イールド）が発生していました。

通常、金利は長期のほうが高くなります。それが逆転すると、だいたい11カ月後から

24カ月後に景気が失速、後退期に入ります。

2019年8月に米国債市場で「逆イールド」が発生しました。したがって、経験則からするとバブル崩壊は2020年7月だと考えていましたが、少し早く来てしまいました。

根拠はほかにもあります。

たとえば、2019年の世界経済成長率は国際通貨基金（IMF）の見通しで3・0%となっています。実際は、おそらく2・6〜2・7%程度でしょう。ちなみに、リーマン・ショック後5年間の景気低迷期の平均成長率は3・3%でした。つまり、**2019年前後の成長率は、リーマン・ショック後より低かったのです。**

それなのに、2020年2月12日にニューヨークダウが史上最高値を更新しました。これはどう考えてもバブルです。このようにあらゆる証拠がバブルを示し、専門家のあいだでは〝もうすぐはじけるぞ〟と予測できたのです。

≪ 日本株には目をくれなくなる

私はテレビの生放送で「バブルはまもなくはじける」と宣言したからには、宣言に沿った行動をしないのは視聴者に対して無責任だと思いました。

じつは、これまでの人生において投資用の株を売ったことはほとんどありませんでした。売ったのは、その会社が傾いたので整理しなければならない時だけです。

しかしバブル崩壊宣言をした以上、自分が動かなければ「嘘つきだ!」「いたずらに不安を煽《あお》っている」と批判されるかもしれない。

もっとも、早期のバブル崩壊を確信していましたから、株主優待目的で保有する株以外、すべて売りました。それがバブル崩壊前に株式を全売却した話の真実です。

金額にして3000万円ぐらいでした。4月上旬の時点で3割ほど下落しており、売らずに手元で持っていれば、株式資産が2100万円程度に目減りしていました。900万円の損失を出さずにすんだわけです。「年収200万円時代」なら4年間暮らせる額です。文字通り、命拾いしました。

じつのところ、ニューヨークダウは2020年2月12日の2万9568ドルの高値から3月23日には1万8213ドルまで約4割下落しましたが、その後、2万5000ドル(5月末)値を戻しています。ニューヨークダウでいうと、25倍のバブル崩壊の水準は2万3000ドルぐらいです。その視点からすれば、いま新たなバブルが始まっていると言えます。

もちろん、日経平均株価も、5月末現在で値を戻してはいますが、この株高が続くとは言えません。

実際に、米連邦準備制度理事会（FRB）は2020年5月15日に、「金融安定報告書」を発表して、新型コロナウイルス感染拡大で暴落した株式などの資産価格が、感染の影響が長引くと、「再び大幅に落ち込む恐れが依然ある」と警告しています。

ここからは投資家のマインドの問題なので予測が難しいのですが、私はニューヨークダウが1万5000ドルを割ったら、少しずつ買い戻そうと思っています。

ただし、私はもう日本株には戻しません。**新型コロナウイルスと首都直下地震というリスクをはらむ日本経済は、いずれ「発展途上国レベル」に転落していく**と見ているからです。とくに今回の新型コロナウイルス対策で日本の政権のあまりにひどい対応を見て、〝この国はもう駄目だな〟と思いました。

私ですら投資マインドが冷え込んでいるのですから、海外の投資家が日本（円）をどう見ているかは、さもありなんです。

MORINAGA's EYE

Q04

コロナ・ショックにより円高になるか?

日本は長期円安の道に入った!

今回のバブル崩壊過程において、もう一つ注目すべきことがあります。

為替が円高に振れなかったことです。

これまで危機があるたびに「有事の円」が買われ、急激な円高に襲われました。「これまでの傾向から、コロナ禍でまた円高になるだろう」と私も安易に考えていました。

ところが、まったく円高になりませんでした。

為替は二つの国の資金供給量の比率によって決まります。今回の「バブル崩壊」を受けて、アメリカは急激な金融緩和をして市場にお金の量を増やしました。

それを受けて、日本銀行（以下、日銀）も大規模な金融緩和を宣言しました。しかし、実際のところ日本は金融緩和に大きく動けません。なぜなら、日銀が国債を買いまくり、2019年末で発行額1037兆円余の46・8％に当たる485兆円余を保有しているからです。

俗な言い方をすれば、「もう買う玉がない」状態。**これ以上、国債を買うとマイナス金利が拡大し、地方銀行やゆうちょ銀行が潰れてしまうので動くに動けない**のです。

こうしてアメリカだけが金融緩和をすると何が起こるかというと、ドルが増えて円が足りなくなります。結果、ドルに比べて相対的に足りない円の値段は上がる（円高）、という単純な経済のメカニズムです。

だから今回も円高になるはずだ、と私は経験上思い込んでいたのですが、見事に外してしまいました。

そのとき不意に思い出したのが、亡くなる直前の堺屋太一先生の話です。2018年にテレビで共演する機会を得て、楽屋で談笑したのです。

私なりに考える日本経済の中長期展望を堺屋先生に話したところ、「森永君、じつは僕もそう思う。『日本が発展途上国になっていく』という君のシナリオと同じことを僕も感じていた。だから僕は、これから長期的には為替はずっと円安に向いていくと思うんだよね」と言われ、2か月もしないうちに亡くなられました(2019年2月8日死去)。

堺屋先生が遺された「長期円安」という経済予測は、私にとっては遺言です。

私も「そうだろうな」と思っていたのですが、内心では、そんなに早く円安には振れないだろうと高を括《くく》っていました。それが私の予想を遥かに超えて早期に、そして明確になってきた。

改めて堺屋先生の慧眼《けいがん》に敬服するとともに、これまでの経験則で為替予測をしてはならないという教訓になりました。

MORINAGA's EYE

Q 05

これから起きる経済変化とは?

「グローバル大規模集中型経済」から「小規模分散型経済」に転換する

コロナ・ショック後のキーワードは、「グローバル大規模集中から小規模分散へ」です。この変化は止められないでしょう。

先日、通天閣《つうてんかく》で外国人観光客向けの土産物店を営む方の話を聞いたのですが、コロナ禍までは濡れ手で粟のような大繁盛。それが、3月に訪日外国人客の姿が消え、4月にはアルバイトを全員休ませ、ほぼ家族だけで細々と店を続けましたが、全国に緊急事態宣言が出され、お客さんはまったく来なくなったそうです。

グローバルが前提にある経済だと、こうしたケースはどこでも起こりえます。

しかし、私が住む埼玉県所沢市は例外です。庶民向けの農産物を生産する農家には、ほぼ影響はありません。もともと周りに外国人はあまりおらず、農協や地元スーパーに野菜を卸す以外には、近所の人に向けて直売所で野菜を売るくらい。コロナ前後で、状況は変わらないからです。極論すれば、**こうした小さな共同体を無数に作っていく「小規模分散型の社会」がこれから主流になっていく**と思います。

それは、「グローバル大規模集中型の社会」とは、真逆の動きになります。

従来だと、多くの企業が本社を東京に置き、東京から全国、世界各地の支社をコントロールしていました。これが大きな間違いだったと、コロナ禍で大打撃を受けた多くの日本人が気付いたはずです。経済だけではありません。日本は、政治も文化もあらゆるものを東京に一極集中させてきました。これこそが、政府の見当違いな経済政策、文化支援の誤りだったように思います。

一方、アメリカはニューヨークの都市機能が壊滅状態であっても、ワシントンが無事だったため、比較的、冷静な政治判断が可能でした。ドイツも、ベルリンとフランクフルト、ハンブルクで政治と経済の機能を分けていますし、ベルリンとボンに首都機能を分散しています。南アフリカは立法府がケープタウン、行政府であり首都がプレトリア、司法府がブルームフォンテンに分けられており、しかも国を代表する都市はヨハネスブルグです。そうやって、**政治・経済・文化の機能を分散させている国は多数存在します。**

そうした世界のトレンドからみても、大企業から率先して東京以外の場所に本社機能を分散すべきです。YKKは2016年に東京にある本社機能の一部を富山県黒部市に移転しましたが、先を見据えた大英断だったと評価します。

同じように、トヨタ自動車は東京本社がありますが、本当の本社は愛知県豊田市にあります。サントリーも東京にオフィスがありますが、本社は大阪市です。そうした本社機能の持ち方をしたほうが賢明だと思います。

第2章

最大の敵は国内にあり！

～コロナ対策で露呈した日本政府の弱点

MORINAGA's EYE

Q 06

日本のコロナ対策「失敗の本質」は？

政策初動の遅さ。抜本的な行政改革は不可欠

今般の新型コロナウイルス対策で日本政府のあまりにひどい対応を見て、「この国はもう駄目だな」と落胆した、と先ほど述べました。

改めてコロナ禍における政府の対応について振り返ると、「致命的な間違い」をいくつか犯しています。

まず、**十分なＰＣＲ検査をしなかった**ことです。

新型コロナウイルス検査は、検査精度や効率性を考慮して、「real time RT（reverse transcription）-ＰＣＲ法」という手法で行なわれています。

日本疫学会のＨＰによれば、ＰＣＲはPolymerase chain reaction（ポリメラーゼ連鎖反応）の略で、ウイルスの遺伝子を増幅して検出する方法です。ＲＴとは、新型コロナウイルスは、ＲＮＡウイルスなので、測定を行なうためにＲＮＡからＤＮＡを作り出す過程を表しています。real timeとは、検査途中でもウイルスの量（対象とする遺伝子のコピー数）の測定値を測ることができるという意味です。

通常のＰＣＲ（途中での結果を見ることができない）よりも10倍から１００倍に検出感度が高い、つまり少ないウイルス量でも測ることができるようです。したがって、**迅速で、精度の高い検査が可能になります。**

日本で行なわれたのは、重症患者と濃厚接触者に対する徹底したPCR検査でした。しかし日本は、感染が拡大するなかでも同じことを繰り返しました。つまり、感染が発覚した初期に取られる「水際作戦」を延々と続けていたのです。

そうすると、市中感染の広がりとともに、感染経路不明者が増えてくる。現に東京都では、感染者のうち半数近くが、感染経路不明になっています。

2020年4月28日、経済協力開発機構（OECD）が加盟国の人口1000人あたりのPCR検査の受検人数を発表しましたが、日本は1・8人で下から2番目という惨《さん》憺《たん》たる数字でした。

1位アイスランドは135人、7位イタリア29・7人、13位ドイツ25・1人、OECDの平均は23・1人です。日本より少ないのはメキシコの0・4人で、先進国で日本よりも検査数が少ない国は一つもありません。日本は非加盟国のカザフスタンや、エジプトなどと同レベルです。

PCR検査は簡易で比較的精度の高い検査にもかかわらず、実施しないのはおかしい。統計上の感染者数を増やさないために、〝わざとやらなかったのではないか〟とすら思っています。

日本のPCR検査の受検者数が諸外国と比べてけた違いに少ないことは、海外から批判されてきました。在日米国大使館は、2020年4月3日に、「日本政府は検査を幅広く実施しない方針をとっており、感染率を正確に評価することが難しい」として、帰国希望者や一時滞在者に対して即時の帰国を促したことを思えば、あながち、ない話とは言えません。

感染率の実態把握は、感染拡大防止のために必要な基礎的なデータです。データがなければ、地域ごとに行なう感染拡大防止策をどこで線引きしたらよいか、正確な判断もできないでしょう。実際、それに答えられる人は、専門家でもまったくいませんでした。

日本は市中感染率の把握も、そのための大規模検査も実施していない。地域ごとの正確な感染者数を把握せずに、どうして正しい政策が打てるでしょうか。

《日本の死亡者数は本当に少ないのか

一方で、「日本はコロナウイルス感染による死亡者数が少なく、ウイルスの封じ込めに成功している」と言う人もいます。各国の死亡者数を見るとアメリカ9万8119人、イタリア3万3072人、イギリス3万7460人、スペイン2万9036人に対して、日本は867人です(6月1日時点・WHOのHPから)。

医師のなかでも見解は分かれているようですが、**PCR検査をしない以上、ほかの病名で処理されている患者が多数存在する疑いが残ります。**

日本では、肺炎で亡くなる人は年間10万人以上。2018年に肺炎で亡くなった人は9万4654人で、全死亡者数に占める割合は6・9%に達しています(厚生労働省 人口動態統計)。これでは、肺炎で亡くなった方が新型コロナウイルスによる肺炎かどうか、わかりません。

そのように主張すると、「そんなことはない。普通の肺炎と新型コロナウイルスによる感染症は症状が異なるから間違えるはずがない」と反論する医師もいます。

しかし、新型コロナウイルスの感染症の患者を診たことがある医師は少ないはずです。検査をしていないのですから、肺炎で死亡したら「肺炎」と書くでしょう。合併症で死亡すれば合併症の病名で診断書を書きます。ですから「死亡者数が少ない」というのは、実態を反映しているとは思えません。

日本で新型コロナウイルスの感染症の治療をしたことがある医師はごく一部。ですから、**「死亡者数が少ないから、日本は感染症対策がしっかりしている」という主張には**

確固たる裏付けがないと考えています。

本来であれば、他の先進国と同様に大規模検査をして、市中感染率の高い地域を封じ込めないと新型コロナは収束しません。ところが日本政府は、専門家からの大規模検査の要請を一貫して拒否してきました。

検査自体、半日もあればすぐに実施できます。たとえば無作為に1000人、選んで検査します。仮に市中感染率が1％と出たとすると、そのデータだけで実際の感染率は0・4％から1・6％のあいだに95％の確率で入ることが統計学的にわかるわけです。

白鷗大学の岡田晴恵《おかだはるえ》教授、医療ガバナンス研究所の上昌広《かみまさひろ》理事長らは一貫して市中感染率調査の必要性を訴えていますが、政府は頑《かたく》なにやろうとしません。そのような状況では、実態は表に出ている数字以上に悲惨な状況ではないのかと疑うのは当然です。

また、日本のコロナの死亡者数が欧米と比べて極端に少ないというのが事実だとしても、その理由はいったい何でしょう。

よく言われるのは、「日本人は、清潔好きで、マスクもしているので、感染しにくい」とか、「日本の医療体制は世界一で、しっかりとした医療が提供できているから、死亡者数が少ないのだ」というものです。もちろん、そうした要因があることは、事実でし

表1 欧米とアジアのSARS-CoV-2の感染者数と死亡者数

		感染者数	死亡者数	致死率（%）	人口（千人）	（人口10万人当たり）感染者	死亡者
欧米諸国	米国	1,443,397	87,568	6.1	329,065	438.6	26.61
	英国	238,004	34,078	14.3	67,530	352.4	50.46
	スペイン	230,183	27,459	11.9	46,737	492.5	58.75
	イタリア	223,885	31,610	14.1	60,550	369.8	52.20
	フランス	179,630	27,532	15.3	65,130	275.8	42.27
	ドイツ	175,233	7,913	4.5	83,517	209.8	9.47
	ベルギー	55,559	9,080	16.3	11,539	483.1	78.96
	オランダ	44,341	5,713	12.9	17,097	260.8	33.61
	スイス	30,597	1,883	6.2	8,591	360.0	22.15
アジア諸国	インド	85,940	2,753	3.2	1,366,418	6.3	0.20
	中国	84,038	4,637	5.5	1,433,784	5.9	0.32
	パキスタン	42,125	903	2.1	216,565	19.5	0.40
	シンガポール	28,343	22	0.1	5,804	488.7	0.38
	バングラディシュ	23,870	349	1.5	163,046	14.6	0.21
	インドネシア	18,010	1,191	6.6	270,626	6.7	0.44
	日本	**16,203**	**713**	**4.4**	**126,860**	**12.8**	**0.56**
	フィリピン	12,718	831	6.5	108,117	11.8	0.77
	韓国	11,037	262	2.4	51,225	21.5	0.51
	タイ	3,025	56	1.9	69,626	4.3	0.08
	台湾	440	7	1.6	23,774	1.9	0.03

COVID-19 Dashboard by the Center for Systems Science and Engineering (CSSE)より作成（2020年5月16日）．一部の国については、5月18日に参照した。
https://www.arcgis.com/apps/opsdashboard/index.html#/ bda7594740fd40299423467b48e9ecf6
各国の人口は、https://www.globalnote.jp/post-1555. htmlを参照した。

（出所）菅谷憲夫『日本の新型コロナ対策は成功したと言えるのか—日本の死亡者数はアジアで2番目に多い』
https://www.jmedj.co.jp/journal/paper/detail.php?id=14724

ょう。ただ、私はそれが主な理由であるとは思えないのです。

表1をご覧いただくとわかるのですが、たしかに日本の死亡者数は欧米に比べると少ないのですが、少ないのは日本だけではありません。アジア諸国の人口10万人あたりの死亡者数は、みな低いのです。この表に載っているアジア諸国の中では、日本はフィリピンに次いで2番目に多くなっています。

つまり、「日本の充実した医療体制が、海外と比べて死亡者数を低く抑え込んだ」という説は、少しあやしいということになります。

≪データから導かれる「少ない死亡者数」の根拠

それでは、なぜアジアの死亡者数が少ないのでしょうか。

いまのところ最も有力な仮説は「**BCG仮説**」だと、私は思います。

日本では、結核などの予防のため、BCG接種が全国民に行なわれています。そして、日本が接種しているのと同じ日本株のBCG接種をしたアジアの国は、軒並み死亡率が低いのです。感染爆発が起きた欧米は、接種が任意だったり、日本とは異なる株のBCG接種が行なわれています。

理にかなった主張なので、私は何人もの感染症の専門家に、この説の妥当性について聞きました。専門家の答えは、ほぼ同じでした。「その説が正しいかどうかは、わからない」というものでした。ただ、否定した専門家は、一人もいなかったのです。

ところが、日本ではBCGの効果についての検証は、行なわれませんでした。私は、正しい可能性がある仮説は検証してみるというのが、科学者として正しい態度だと思います。もしBCG仮説が正しいとして、しかもBCGの効果が経年とともに下がっていくのだとすると、なぜ高齢者が重症化しやすいのかも説明がつきます。

検証中ですが、**BCG接種のリスクは少ないので、たとえば医療従事者に接種することによって、感染リスクを下げるということも可能になるのではないでしょうか。**私にはBCGを無視する理由がわかりません。

もう一つ、「極論」をご紹介しましょう。

2020年4月24日に、フランスのピティエ・サルペトリエール病院が、新型コロナの入院患者343人と軽症患者139人を調査したところ、喫煙者の割合が約5%で、フランスの喫煙率である約35%を大きく下回っていたという調査結果を発表しました。

つまり、**喫煙者は新型コロナにかかりにくいという結果が出たのです。**

タバコを吸って新型コロナを防げるなら苦労しないと思います。私は、すぐに複数の感染症の専門家や医師に、この結果をどう思うか聞きました。結果は、一人の例外もなく全否定でした。そんなことはありえないというのです。

全員が口を揃えたのは、「喫煙は重症化リスクを高める」ということでした。また、疫学を理解している人は、年齢構成をコントロールしていない比較は無効だと言います。フランスでは、年齢が高まるほど喫煙率が下がるため、重症化しやすい高齢者がサンプルの多くを占めている以上、感染率が低くなって当然だと言うのです。

たしかにその通りです。ただ、タバコの煙には少なくとも数百種類の化学物質が含まれており、そのなかに新型コロナウイルス撃退に効果のある物質が含まれる可能性はゼロとは言えないでしょう。だから私は、一度、調べてみればよいのだと思います。感染者が喫煙者か非喫煙者かというデータだけを採ればよいのですから、そんなに難しいことではありません。そして、きちんと年齢構成と喫煙者率を調査して、統計的に差があるかどうかを検証すればいい。

ところが、日本ではそうした調査が行なわれないどころか、調査をしてみたらという意見さえ出ませんでした。そうした「非科学的態度」は、私はよくないと思うのです。

≪ 非科学的に行なわれた自粛の線引き

世界が大規模なPCR検査をやっているのに、日本だけがやらなかったのはなぜでしょうか。おそらく日本で感染爆発が起きているのがわかってしまうと、オリンピックが中止になってしまうことを恐れたのでしょう。

ただ、オリンピックが延期ということで収まってからも、政府はPCR検査の拡充をしませんでした。理由は不明ですが、それで死亡者数が少ないから感染は多くないと言われても、まったく信用できません。

緊急事態宣言は当初、厳しい自粛を求める対象地域として7都府県が指定されましたが、この線引きも正しいのかどうか、誰にも判別できません。つまり、緊急事態宣言の線引きは、非科学的に行なわれたことになります。

私は社会科学者ですし、シンクタンクで社会調査をしてきた者として、科学に基づかない政策判断は許し難く、あってはならないと考えています。科学者の基本的態度は、まず実験や調査をして実際のデータ、証拠に基づいて検証・議論することです。それをなぜか日本だけが実施していない闇に、国民は気付かなければなりません。

「PCR検査の徹底」について、もう一つ不可解なことがあります。

2020年3月31日、ノーベル生理学・医学賞受賞者の山中伸弥教授が自身のホームページにおいて、「感染症の専門家ではないので批判を受けるのを覚悟の上で提言します」というメッセージを添えて、新型コロナウイルス対策に関する「5つの提言」を行ないました。「専門家でないくせに」という批判を覚悟で提言をしたのは、科学者としての正義と国民を思う優しい気持ちからだと推測します。

山中教授の提言は5つです。①今すぐ強力な対策を開始する、②感染者の症状に応じた受入れ体制の整備、③（受入れ体制の整備を前提とした）検査体制の強化、④国民への協力要請と適切な補償、⑤ワクチンと治療薬の開発に集中投資。

このなかで最も重要なのは、③の検査体制の強化です。山中教授はこう述べています。「これまでわが国は、無症状や軽症の感染者の急増による医療崩壊を恐れ、PCR検査を限定的にしか行ってきませんでした。しかし、提言2が実行されれば、その心配は回避できます」。続けて、「ドライブスルー検査などでPCR検査体制を拡充し、今の10

倍、20倍の検査体制を大至急作るべきです。中国、韓国、イタリヤ、アメリカで出来て、日本で出来ない理由はありません」と訴えました。

ところが4月2日に私が確認したときには、なぜかこの部分は提言から削除され、「PCR検査を必要な時に必要な数だけ安全に行う体制の強化が求められています」という抽象的なものに変わってしまったのです。私は、ここに底知れぬ闇を感じます。

先に述べたように、政府はオリンピックが無事延期で収まっても、検査の拡充をしませんでした。理由は不明ですが、日本は感染爆発地域を封じ込めるのではなく、山中教授の正義を封じ込めてしまったのです。

山中先生や私の主張することは、世界では当たり前のように実施されていることです。実際、日本政府も、その後「ドライブスルー検査などでPCR検査体制を大幅に拡充する」という方針に舵を切りました。2020年6月からは、新型コロナウイルスの抗体検査も始まりました（1万人対象）。

「世界と同じことをしましょう」と言うだけで、個々人の意見を封じ込めてしまう日本の「空気」には、虚しさを通り越して、呆《あき》れかえってしまいます。

MORINAGA's
EYE

Q
07

「緊急事態宣言」は
正しかったか?

東京23区だけを封鎖すべきだった

コロナ収束に向けて、政府はどんな対策を講じればよかったのでしょうか。

「集団免疫をつけさせるしかない」と主張する感染症の専門家もいました。しかし、治療薬もワクチンもないなかで、大多数の国民が感染すれば、多くの国民が死ぬ。とくに高齢者は、感染すれば命を落とす可能性が高くなります。そんな政策が許されるはずがありません。

現実に取れる政策は、都市を封鎖し、ウイルスの感染経路を潰すこと。治療薬やワクチンが開発されるまで、感染拡大を徹底して抑え込むしかなかったのです。

もちろん、都市封鎖などの厳しい制約は、大きな経済被害をもたらします。しかし漫然と、自粛を続けるよりも、感染拡大防止には有効です。

これは、世界の対応を見ても明らかです。

中国は武漢を完全封鎖しました。中国の統計は信用できないという人もいますが、現実に日本より先に状況は落ち着いています。2020年4月中旬には、欧州で最も死者が多かったイタリア、スペイン、それにアメリカで感染が拡大していたニューヨークでさえも、ピークアウトの兆しが見えて、規制の一部解除に踏み切りました。

一方、日本では、コロナウイルスが蔓延《まんえん》しても満員電車に乗り続け、地下鉄の通勤時間帯の乗客は当初1割程度しか減りませんでした。「緊急事態宣言」が出され、4月後半になり、ようやく6割減程度になりましたが、都市を封鎖せずに満員電車に乗り続ければ感染は広がるに決まっています。

≪都市郊外は通常モードだった

4月7日に発令された「緊急事態宣言」の対象地域は、大阪府、兵庫県、東京都、神奈川県、埼玉県、千葉県、福岡県でした（4月16日には全都道府県に拡大）。

しかし私の生活実感で言うと、たとえば埼玉の日高、秩父地域で感染が広がっているとは到底思えません。緊急事態宣言前後で、人の移動もそれほど変化が見られませんでした。緊急時でも「通常モード」です。知り合いの群馬テレビの局員も、「こっちでは、クルマ通勤が当たり前だから、移動時に感染しようがありません」と言っていました。

ニューヨーク、パリなどの大都市で感染が拡大している状況を考えても、**東京23区だけを完全に封鎖すべきだった**のではないでしょうか。

ニューヨーク市の面積（約783・8平方km）は東京23区（約619平方km）と同程度です。封鎖すべき都心部の自粛を求めるだけでは不十分と考えたのか、政府は日本全国という広い範囲に自粛を求めたため、経済的損害ばかり大きくなるという最悪の選択をしたように感じています。

漫然と自粛を求めるよりは、メリハリをつけて、本当に感染が深刻な地域だけを完全に封鎖し、危険度の低い地域は経済に重点を置いても良かったのではないでしょうか。

たとえば、「東京23区から外に出てはいけない、都外から入ってきてはいけない」とすれば、東京23区以外の飲食店やレジャー施設、宿泊施設などは、これほどの影響は受けなかったでしょう。全国の観光施設にとって最大の脅威は、東京からの観光客がウイルスを持ち込むのではないかという懸念だったからです。

また、東京だけに厳しい自粛を求めることにすれば、東京都の事業者への休業補償や都民の生活補償を思い切って手厚くすることができます。

もちろん、東京23区だけ封鎖という戦略が本当に正しいのか、断言することはできません。根拠となる地域別の詳細な感染データがないからです。

日本は都市の封鎖をせずに、感染拡大が抑えられなかったのは事実でしょう。これに対して、「日本は、海外のように都市封鎖ができる法体系になっていないから、政府ができることが限られている」という声も聞きました。

それは、詭弁《きべん》ではないでしょうか。

たとえば、日本の鉄道事業はすべて認可事業です。**国土交通大臣が「止めろ」と言ったら瞬時に止まります。**自粛要請に従わずに営業を続けたパチンコ店がありましたが、従わない鉄道会社は1社もないでしょう。

現に大型台風が上陸した時、鉄道会社は計画運休を行ないました。台風で止められるのにコロナで止められない理由はないはずです。

東日本大震災が起きた際、高速道路は緊急交通路の確保のため、災害対策基本法76条第1項で東北自動車道や常磐自動車道を一般車両通行不可として緊急車両用としました。今回の件で同法を適用するのは無理でも、高速道路は民営化されていても政府が１００％株主なのですから、１００％株主が「止めろ」と言えば止められないはずがありません。

法的に都市封鎖ができないようになっているにしても、実際はできます。高速道路はもちろん国道も生活必需品などの運送を除き、一般車両は通行禁止にして、鉄道も止めれば可能です。**法律上の規定ではなく、実質で考えたらすぐにでも東京封鎖はできます。**

今後、いつまた新たなウイルスが出てくるかわかりません。その日に備えて、官民の体制を整えておくことが肝要です。

MORINAGA's
EYE

Q
08

他国の経済対策を
どう評価するか？

「マスク」対策が明暗を分けた、中国と日本

ＪＣＢがクレジットカードの決済データから消費動向をみる「ＪＣＢ消費ＮＯＷ」によると、２０２０年3月前半の総合指数は、前年比マイナス７・７%と、調査開始以来、最大の落ち込みを示し、3月後半もマイナス７・６%と、ほぼ同じ落ち込みとなりました。そして緊急事態宣言が発令された4月は、マイナス18・０%と、とてつもない落ち込みとなったのです。

自粛の影響は、はかり知れないものだったのです。**こんな状態が何カ月も続いたら、経済は確実に崩壊するでしょう。**早期に経済対策を打たないと大変なことになります。

国民一人当たり一律10万円の特別定額給付金が国民に届き始めたのは、6月に入ってからでした。自粛で収入が減ったり、無収入になった人たちにとって、この10万円は頼みの綱だったのですが、その給付が遅れに遅れたわけですから、消費が失速して当然なのです。

しかも政府は、5月7日に緊急事態宣言を5月末まで延長しました（5月25日にすべて解除）。当初、1か月の巣ごもり資金として10万円の給付を決めたはずでしたが、期間をほぼ2倍に延長したにもかかわらず、延長分の給付はありませんでした。

後述しますが、私は特別定額給付金をベーシックインカム制度導入のテストケースにすべきだと考えているのですが、そうした発想は、政府にはまったくなかったようです。

《マスクの転売規制は間違いだった

国からの補償でいえば、アメリカでは大人1人につき最大1200ドル（約13万円）、17歳未満の子どもには500ドル（約5万4000円）が支給されました。また、ニューヨーク州では、失業者対策として連邦政府の毎週600ドル（約6万5000円）の積み増しに上乗せする形で週600ドルが失業者に支給されます（最長39週間）。まさに手厚い補償です。

個人的にはトランプ米大統領が好きではありませんが、彼のすごいところは、切り替えの早さです。新型コロナウイルスが出てきたときに「これは民主党が流したデマだ」と一蹴《いっしゅう》し、感染が確認された時も「こんなのは数日で収束する」と言っていたのに、後で見事に手のひらを返したところです。

そのきっかけは、ニューヨークの爆発的な感染拡大にあります。最初の感染者が出たのが3月1日。それが4月4日には10万人を超えました。1人が10万人。その爆発的な増加を見て態度を翻《ひるがえ》したわけです。「マスクなど誰がするか！」と言っていたのに「マスクをしろ!」と意見を変え、2兆9000億ドル(2020年4月24日現在、約310兆円)というとてつもない規模の景気対策をとりました。ほかにも、ニューヨークにロックダウン(事実上の封鎖措置)を命じるなど思い切った対策も打ち出しました。

中国の対策も注目すべきです。強力な政府権限を使い、武漢市を含む湖北省を封鎖しました。人権侵害に近いレベルの封鎖と言ってよいでしょう。しかし、その効果はてきめんに現れました。中国は新型コロナの震源地であったにもかかわらず、いち早く感染拡大を収束させ、その後中国の生産力は急速に回復しました。

その象徴として、マスクが大量に生産され、コストの10倍以上の価格で世界中に売りだされ、マスクメーカーが〝濡れ手に粟〟の大儲けをしました。防護服や医療機器も同様です。じつに商魂たくましい国と言うしかありません。

一方、日本はマスク不足の際、真っ先に転売制限をかけました。危機に乗じてマスク転売で価格が高騰するのを防ぐというのはわかります。ただ、これは、政策的には完全なミステークです。**転売は規制してはいけないのです。**

転売されると、商品の価格は吊り上がりますが、国内でマスクを生産しようと設備投資を考えるメーカーがたくさん出てきます。そうすることで、一気にマスクの増産に向かい、国民に行き渡ります。供給が増えれば、自然と値段が下がります。それが経済学の原理です。

マスクを買うためにドラッグストアに朝から並んだ挙句、感染することもありません。もちろんマスクの生産が増えるまでの間、国民は高いマスクを買わなければなりません。その場合は、**政府がマスク購入に対して補助金を支給すればよい**のです。それをしないから、いつまでたってもマスクは手に入らなかったわけです。

どんどん高値で売り、メーカーに参入させる。その後、価格が暴落しても、それは参入した企業の自己責任です。「資本主義」を最大限利用する中国の狡猾《こうかつ》さを少しは見習ってほしいものです。

転売規制などせずに、然《しか》るべき初動をとっていれば、マスク不足はもっと早く解消したはずです。5月下旬には、コンビニでもマスクが買えるようになり、価格も大きく下がりました。ところが、東京を除けば、「アベノマスク」が国民の手に届いたのは6月に入ってからでした。膨大な予算を使って、雨が止んだ後に傘を配るようなことを日本政府は行なったのです。

MORINAGA's EYE

Q 09

効果的な景気浮揚策はあるか?

現金給付と消費税全廃!

新型コロナウイルスの感染拡大に伴う経済失速に関して、安倍総理は、2020年3月17日の自民党両院議員総会で、「厳しい状況の経済をV字回復させるため、思い切った強大な経済政策を大胆に練り上げていこうではないか」と声をあげました。

ただし、V字回復につながる肝心の具体策には言及していませんでした。アフターコロナ、正確にはバブルがはじけた後の景気浮揚対策という点で、特効薬は「**消費税削減**」しかないと私は考えています。

経済対策を考える際に、「応急処置」と「治療」は分けなくてはなりません。

現金給付や持続化給付金、緊急融資は止血剤のようなもので、景気対策としては、消費税減税が最も望ましいと考えます。現金給付などで当座をしのいでも、需要を回復させなければ、景気は戻らないからです。

忘れてはならないのは、**今回の景気後退が2019年10月の消費税増税で始まった**という事実です。2019年10~12月期のGDPは年率で7・1%も減少しましたが、コロナウイルスの影響は入っていません。つまり、消費税増税の影響が多大に出ています。

消費税増税が消費を失速させたのだから、消費税を下げれば消費は戻ります。

しかし、おそらく政府は踏み出さないでしょう。

政府は2020年4月7日に新型コロナウイルスの感染拡大に対する緊急の経済対策として「30万円現金給付」を発表し、後に撤回しましたが、その真相についてお話ししましょう。

当初は新型コロナウイルス禍の影響で収入が減少し、住民税非課税になった人、あるいは収入が半分以下になった等の世帯を対象に30万円を給付する方向で進めていました。ところが、政府の試案では支給対象は国民全体の20%程度に限られることがわかると世論が反発。

アメリカでは、大人一人当たり最大13万円（子供は5万4000円）をすべての国民に給付するほか、失業者対策として毎週6万5000円などの追加給付もあります。イギリスは、賃金の8割を休業補償。フランスは、企業が従業員に賃金の70%を支払い、国がその全額を補償する。コロナ禍で収入が減る国民に対して、あまねく補償する世界の流れとは逆行する日本の経済補償に、多くの人が落胆の声をあげたのです。そして、公明党からの突き上げもあって、急遽《きゅうきょ》、全国民に一律10万円給付に変更になりました。

感染拡大防止に失敗したうえ、経済対策もお粗末です。とくに現金給付に関する混乱は見ていて嫌になるほどでした。

«「現金30万円給付」案はなぜ出されたか

私は、この経済対策は、史上最大の愚策だと思いましたが、なぜこんなことが起きたのでしょうか。

発表に先立って、自民党の政務調査会が2020年3月31日、安倍総理に緊急経済対策の提言をしました。「緊急経済対策第三弾への提言～未曾有《みぞう》の国難から『命を守り、生活を守る』ために～」というものです。

そこには、こう書かれていました。

「消費税5％減税分（国分）に相当する約10兆円を上回る給付措置を、現金給付・助成金支給を中心に、クーポン・ポイント発行等も組み合わせ、全体として実現すること」

「所得が大きく減少し、日常生活に支障をきたしている世帯・個人に対し、緊急小口資金特例とは別に、日々の生活の支えとなる大胆な現金給付を感染終息に至るまでの間継続的に実施し、万全なセーフティネットを構築すること。支給にあたっては、支給基準を明確化し、市区町村に過度な負担とならないよう努めること」

ここから推測できるのはこんなシナリオです。

要望された給付措置の予算は10兆円、これを単純に人口で割ると、1人当たり8万円。そのままでは、諸外国の給付措置と比べて、どうしても見劣りしてしまう。そこで支給の単位を世帯として、水増しすることにした。

一世帯あたりの平均人員は2・5人だから、同じ予算で、表面上2・5倍の給付ができる。つまり、8万円×2・5＝20万円となる。ただ、それだとインパクトがない。

そこで、収入減少などの条件を付けることで対象世帯を絞り込み、一世帯当たりの金額を30万円まで増やしたということではないでしょうか。

そして、最終的に条件をさらに厳しくすることで、この30万円の給付の予算は、3兆円にまで圧縮されたわけです。**「10兆円を上回る給付措置」には遠く及びません。**

アメリカ並み（大人一人当たり約13万円、子供は約5万4000円）の給付をしても、予算は15兆円です。財務省の渋チンぶりが日本を駄目にしている、と危惧を感じました。

30万円給付案の最大の問題は、条件の複雑さや国民の8割が給付対象にならないということ。これにより、国民の強い批判にさらされ、土壇場で一律10万円給付に変わりました。緊急事態宣言に伴う自粛で苦労するのは、すべての国民ですから、変更は当然のことでした。

≪ 消費税減税を意地でも阻止したい財務省の魂胆

もう一つ指摘すべき点があります。

先ほどの自民党政調の提言をみると、「10兆円の予算は、消費税5％分」という主旨が書いてあります。じつは、**自民党の若手議員からは、新型コロナウイルス感染拡大にともなう経済対策として、消費税を5％に引き下げる案が提案されていた**のです。

「10兆円を給付する」という文面が匂わせるのは、「現金給付でその分を国民に還元するから、消費税減税をあきらめなさい」ということです。実際、自民党政調の提言のなかに、消費税減税は一切含まれていません。消費税減税だけは何が何でも抑え込みたい財務省の魂胆があり、それを踏まえた回答といえます。

この史上最悪の愚策に、財務省の影を感じざるをえません。

財務省は、戦後最大の経済危機に遭遇しても、財政緊縮という基本姿勢をまったく変えません。財政緊縮とは、「税金は消費税を中心に1円でも多く取る」「財政支出は1円でも抑制する」というやり方です。消費税減税などもってのほかです。

景気が悪化した場合、適切な財政出動を行ない景気回復に専念したほうが、中長期でみたときには、財政は健全化します。景気が悪化すると、税収が落ちてしまうからです。ところが財務省は、目先の財政収支の悪化を嫌がる。いったいなぜでしょうか。

最近、日銀ＯＢと話をしていて、なるほどと思ったのは、日銀は財務省と同じ官僚組織ですが、トップが指示すればガラリと変わる組織だということです。現に、日銀は、第二次安倍政権以前は、つねに金融引き締めを基本政策に掲げ、目標物価に達するまでは無制限に金融緩和を実施するインフレターゲットを「トンデモ経済理論」として相手にもしていなかったのに、安倍政権がいまの黒田総裁を任命すると、突然、インフレターゲットを金融政策の基本政策に据えました。

ところが、**財務省は政権が誰に変わっても、「緊縮」というスタンスを変えません。**それどころか、野田政権のときが典型だったように、政権に働きかけて、政党の政策を緊縮に変えさせてしまいます。

言い方が悪いかもしれませんが、私は、日本の財務省は一種の宗教団体ではないかと考えています。経済合理性よりも、財政緊縮という「教義」が最優先されるからです。

新型コロナウイルス収束後に、日本経済を立て直すためには、残念ながら、「財務省解体」から始めないといけないのかもしれません。

MORINAGA's EYE

Q 10

消費税ゼロ%にすると財政破綻しないか?

問題ない。

自民党の若手議員までが消費税減税を訴えているというのに、政府や御用学者たちは、消費税減税に否定的です。「消費税は社会保障財源であり、税率変更には手間も時間もかかる」というのが彼らの主張です。

それなら、消費税減税の財源は、すべて赤字国債で賄《まかな》えばよいだけの話です。その国債をすべて日銀が買い取れば、資金供給が増え、金融緩和にもつながります。

また、消費税率がゼロであれば、たんに税抜き価格で売るようにすればよいので、システム変更は最小限で済みます。

すると、「消費税をゼロにしたら、税率を10％に戻すときに、再び深刻な消費減に見舞われる」と、御用学者は指摘します。たしかに、一時的に下げた消費税を再び戻せば、消費が落ち込み景気が悪くなるかもしれません。だったら、無期限に消費税率をゼロにすればよいのではないでしょうか。

そんなことをしたら財政破綻してしまうと思われるかもしれませんが、そんなことはありません。

私は消費税率をゼロにして、再度引き上げる必要はまったくないと断言します。それどころか、半永久的に「ゼロ％」で回ります。

地方消費税を含む消費税全体の税収は28兆円です。もし消費税率をゼロにすると、その分歳入に穴が開く。そこで、発行される赤字国債を毎年、日銀が全額買い取り、その国債を永久に持ち続ければよいのです。

もう少し嚙み砕いて説明しましょう。

たとえば皆さんは、1万円紙幣は1万円の価値があると思っているかもしれません。しかし、紙幣そのものは紙切れにすぎません。私は子どものころからずっと、「紙幣を印刷すると、誰が儲けているのだろう?」と疑問を抱いてました。その答えが、紙幣の発行者だと、大人になって理解できました。

印刷された1万円が世に出るメインルートは、日銀が国債を買うというものです。

1万円分の国債を買い、代金として1万円札を支払う形で紙幣は供給されます。政府が赤字国債を発行し、それを日銀が買うわけです。日銀がその国債を永久に持ち続けていれば、誰も返す必要がありません。つまり政府が国債を発行し、中央銀行が買った瞬間に「借金」は消えてしまうわけです。

「金利は発生しないのか?」と疑問に思うかもしれません。当然、政府は日銀に金利を支払います。しかし、**支払った金利はすべて国庫納付金の形で返ってくるので実質的に国の負担はありません。**

日銀が得た最終的な利益、すなわち、所要の経費や税金を支払った後の当期剰余金は、準備金や出資者への配当に充当されるものを除き、国民の財産として、国庫に納付されるのです（日本銀行法第53条）。こうした利益を経済学では「**通貨発行益**」と呼び、日銀は、日銀が保有する国債に支払われる利息のことを通貨発行益と呼んでいますが、それは日銀にとっての通貨発行益のことです。本書で通貨発行益と呼ぶのは、国債発行によって政府が得る通貨発行益のことです。

通貨発行益は世界中で使われ続けていますし、日本も過去に何度も使っています。たとえば、明治維新は実質的に、薩摩藩・長州藩が幕藩体制を覆《くつがえ》すクーデターでした。そのため、明治政府には十分な資金がありませんでした。そこで太政官札《だじょうかんさつ》というお札を発行し、通貨発行益で切り抜けたのです。また、太平洋戦争時は、政府が戦時国債を発行したものの国民生活が極度に疲弊して買えなかったため、すべて日銀に引き受けさせ戦費を調達しました。

この通貨発行益は濫用するとインフレをもたらします。それは過去に世界各国が経験してきたことであり、歴史の教訓とされています。現に太平洋戦争の後はインフレが続きました。そのため日本政府は、戦後一度も通貨発行益に手をつけませんでした。

《アベノミクスで証明された「財政破綻」のウソ

しかし、過去に政府が大量の国債を発行しても、インフレにならなかった事例があります。安倍内閣の経済政策、「アベノミクス」です。

第二次安倍政権誕生後6年間で、日銀は毎年平均60兆円ずつ国債保有を増やしてきました。それなのに、日本経済はまったくインフレになりませんでした。**60兆円まではインフレにならないことは、安倍政権が実証済**です。60兆円ずつ増やしても大丈夫だったのですから、さらに28兆円増やしても大丈夫でしょう。

消費税による税収入は地方交付税も含めて、10％の場合だと概《おおむ》ね28兆円です。ですから、消費税をゼロ％にすると単純に28兆円の税収減になりますが、**28兆円分の赤字国債を追加発行して穴埋めすればいい**、つまり、消費税を全廃してもまったく問題ないのです。

財務省がこの30年間、「国が多額の借金（国債）で首が回らなくなっている」と訴え続けてきたキャンペーンは真実ではありません。

「国の財務書類」という統計によると、政府関係機関を含む連結ベースで、国が抱える負債（広義の借金）は2019年3月末現在で、1517兆円となっています。その一方で、国は1013兆円もの資産を保有しています。借金をしながら、その3分の2を預金しているような状態になっているのです。差し引きした純債務（本当に抱えている借金）は、505兆円です。

一方、2019年3月末で政府の通貨発行益は470兆円と、ほぼ純債務と同じ水準です。つまり、**いまの日本財政は、実質的に無借金**ということになるのです。

そのことの傍証は、日本とドイツの長期国債金利がゼロであることからも明らかです。リスクが高い人ほど高い金利がつくのは金融の世界の大原則であり、金利がゼロであることが何を示すかはおわかりでしょう。

たとえば、いま銀行から大企業が資金調達すると1％に満たない金利で借りられますが、中小企業は良くて2～3％です。経営が行き詰まって街金から金を借りると10％ぐらいになります。闇金はもっとあくどく、以前ラジオで取材をしたことがありますが、一番ひどかった人は9000％でした。

国債でも同じことが起こります。２００９年から始まったギリシャの財政危機では、すぐに国債の金利が20％になり、ピーク時は40％になりました。財政が悪い、破綻すると国債金利が上がるのは、どの国も同じです。

そう考えると、「国債金利ゼロ」の日本とドイツが、いかに優秀で財政破綻とは縁遠いことがわかるでしょう。

有事に円が買われたのは、金融市場の参加者がその事情をわかっていたからです。毎年60兆円の赤字を出してもインフレにならなかったのですから、28兆円の歳入欠陥など何の問題もありません。ですから半永久的に消費税ゼロを続ければよいのです。

安倍総理が唱える「V字回復」を本気で達成したいなら、「インフレ率が3％を超えるまでは、消費税率をゼロに凍結する」くらいの景気対策が不可欠です。ただし、これは前項で述べた通り、財務省が最も嫌がることです。

MORINAGA's
EYE

Q
11

安定成長に
不可欠な条件は？

1人月額7万円の「ベーシックインカム」

バブル崩壊後の特効薬として「消費税ゼロ」を挙げましたが、もう一つの柱として主張したいのが、「ベーシックインカム」の導入です。

新型コロナウイルス対策としては、まず応急処置として現金を支給する、大不況の治療のために消費税をゼロにする、そして、安定成長に不可欠な条件としてベーシックインカムを導入するのが最も望ましいでしょう。

ベーシックインカムとは、政府が国民に最低限の生活を送るのに必要とされる額の現金を定期的に支給する制度のことです。

ベーシックインカムは世界各国で実験が行なわれてきました。有名なのは2年前まで社会実験をしていたフィンランドですが、現在、採用している国は一つもありません。イギリスやアメリカの一部の州では導入の検討が行なわれているものの、まだ具体的にはなっていません。

いま日本人が、なぜ田舎暮らしができないかというと、現金収入を得るのが困難だからです。自分で農業をやっていて実感しますが、農業だけで月10万円を稼ぐのは容易ではありません。20万円稼ごうと思うと、並大抵の努力では達成できないでしょう。

しかし、ベーシックインカムがあれば話は変わります。

たとえば、**ベーシックインカム制度として、1人月額7万円を支給するケースで考えてみましょう。**4人家族の場合、28万円です。そうなると、仮に台風などの自然災害で農作物がダメになっても、何とか暮らしていけます。また、生活圏も縛りがなくなり、極端な話、人里離れた山の中でも生活できます。お金にするのが難しいという農業についても、興味がある人はやってみようという気持ちになるはずです。

実際に少額の収入で暮らしてみた知人に聞くと、1か月に夫婦で10万円程度あれば国民健康保険、国民年金、電気代などといった必要な支払いをしたうえで、ギリギリ生活できるとのことです。15万円あれば、多少、余裕を持って生きていけるそうです。

それなら、7万円のベーシックインカムのほかに、少し本業やバイトを頑張れば、楽しく豊かな暮らしが可能になります。ベーシックインカムの導入により、多くの人が自分のライフスタイルを自分の思うように設計できるようになるのです。

≪楽しい仕事はお金にならない

働かなくても生きていくのに必要な金額の支給が保障されるのならば、働くモチベーションがなくなるのでは、と心配をされる方もいるでしょう。

しかし、実験の結果、「雇用にもたらす影響は小さい」と結果として示されています。フィンランドでは2018年末までの2年間、2000人に月額560ユーロ（約6万7200円）を支給した結果、働く意欲を喪失させることはないであろうとの結論を得ています。

ただし、間違いなく**勤労のスタイルが変わります**。いわゆるブラック企業などが淘汰されていきます。多少大げさな言い方をすれば、奴隷のような働き方が消滅し、誰もが生きがいや面白さを重視して働くようになるはずです。

自分の経験から申しあげれば、楽しい仕事はお金になりません。実際、本業以外の本当にやりたい仕事ではまったく稼げないという現実があります。

農業では1円も稼げません。じつは、歌手としての活動もしていますが、これもほぼノーリターンです。以前、ニッポン放送のイベントに参加し、日比谷公園で500〜600人を前に、中野サンプラザ大ホールでは2000人の観衆の前で2度ほど歌を披露した経験もあります。デモテープを作り、レコード会社もずいぶん売り込んだのですが全部落とされました。

NHKに出演するたびに、ディレクターに「大みそか、空けてます」と宣言するものの、ディレクターからは決まって同じセリフが返ってきます。
「森永さん、紅白歌合戦の審査員をしたいんですか?」
「いえ、歌手としての出場です」
と胸を張ると、皆、黙りこみます。冗談か、本気か、判断がつかないのか、返答に困っているようです。それでも、ベーシックインカムが始まれば、歌手も本格的に挑戦できます。

ほかにもカメラが趣味で、以前、日経BP社の専属カメラマンだったことがありました。1年余りでリストラされ、現在は自動車雑誌でミニカーの物撮りを細々と続けています。

ちなみに、最近は等倍撮影が可能なデジカメも売られています。等倍カメラはフィルムと同サイズまで寄れるので、植物や昆虫をズームアップで見れます。スキルが技術でカバーできますので、趣味がないという人にはお勧めです。

童話作家になる夢も捨てきれません。出版社に企画を送り続けていますが、発刊には至らずじまい。あまりに悔しくて、数年前に私の新書の「あとがき」を全部、童話にするという活動をしていました(読者や編集者の目に留まるのを期待しているのですが、まったく反応なしです)。

≪ やりたいことをして、食べていける

もう少しおつきあいください。俳人にもなりたいと思っており、マネージャーに『プレバト』(MBS、東京はTBS系)に出演したいと言い続けています。私は夏井いつき先生の大ファンです。もし出演がかなったら、夏井いつき先生への恋の歌を詠み、そこで退学処分になるプランを描いています。

恋の歌ということであれば、歌人にもなりたいと思っています。以前、NHKの番組で女性の歌人と1日、神戸のまちを旅する企画に出演しました。銭金《ぜにかね》の汚い世界で生きている私には、歌の世界の中で生きている彼女はとても心がきれいで、世俗を離れた、宇宙人のような存在でした。朝からロケを始め、お昼ごはんを食べたあたりで〝なんてすてきな生き方だ〟と、私はその歌人に恋をしてしまいました。

そのときに思いつきました。「この女性に恋の歌を贈ろう」と。

もちろん、台本にはない話です。それからずっと恋の歌を考え続け、夕方、芦屋川《あしやがわ》の河原でエンディングのシーンを迎えたとき、短冊に彼女への恋の歌をしたためて渡しま

した。すると彼女は、私の歌をじっと見つめた後言いました。

「森永さん、この歌は芦屋川に流しましょうね」

私の短い恋は芦屋川の流れに消えてしまったというわけです。

こういう話を書くと、「また森永がウケを狙ってる」「お前の恋の話など、どうでもよい。早く金や株の話をしろ」などと思われるかもしれません。しかし、決して嘘でも冗談でもありませんし、わざわざこの話をしたのは狙いがあってのことです。

私にとってやりたい仕事、楽しい仕事は、俳句や短歌や歌手です。しかし、それだけでは食べていけません。実際、ある歌人の方に聞くと「いま日本で歌だけで食べていける人は、俵万智《たわらまち》さん1人しかいません」と言われました。

しかし、ベーシックインカムがあればどうでしょうか。俳句や短歌で食べていけなくても大丈夫です。**ベーシックインカムで最低限食べていけますから、好きな仕事に専念できます**。それこそが生きがい、価値ある人生ではないでしょうか。このように、ベーシックインカムは、私たちの人生の選択の幅が一気に広がる可能性を秘めているのです。

私が経営する博物館（B宝館、埼玉県所沢市）も赤字です。ビジネスにはなりにくいのですが、ベースカーゴ（安定基盤）があれば楽しいことはいくらでもできます。

俳優もやっているのですが、これもまたお金になりません。京都の太秦《うずまさ》（撮影所）に行って1日潰して2、3万円です。エキストラのおじいちゃん、おばあちゃんは交通費込みで2000〜3000円と、実質ゼロ円のようなものです。それでも、出演する理由を聞くと、「だって、隣に芸能人がいるんですよ。しかもテレビドラマを見て『ほら、あれ私』って言いたいじゃないですか」と満面の笑みを浮かべます。

そういう話を聞くと、東京で家賃を払うために、朝から晩まで必死に駆けずり回ってやりたくもない仕事をやるのと、どちらがハッピーかと考えてしまいます。一生懸命働いた挙句に、コロナや地震で失業してしまうより、自分のやりたいことに没頭する人生のほうがよっぽど幸せではないでしょうか。

趣味や好きなことはプロレベルでなくても、その数が多ければ多いほど、存在を際立たせる「価値」になります。ベーシックインカムで余暇が創出されれば、間違いなく、遊ぶ力の高い人が優位になります。そして、そのなかから大きな付加価値を生み出すスターが生まれるでしょう。

ベーシックインカムは、これまでの価値観の転換を促し、一人ひとりの人生を豊かにするとともに、経済を活性化させるシステムでもあるのです。

第3章

これから日本経済はこう変わる！

～10年後の未来予測

MORINAGA's EYE

Q 12

国内の製造メーカーにはどういった変化があるか？

サプライチェーンの転換と地方の復活

本章では、今後、日本の産業構造はどう変化していくか、不透明な時代に伸びる可能性のある業種は何か、海外の状況はどうかなど、個別の経済をよりミクロの視点で見ていきましょう。

新型コロナウイルス禍により、日本経済の抱える問題点が改めて浮き彫りになりました。たとえば、自動車メーカーは一時、中国からの部品調達ができなくなり生産がストップしました。しばらくして製造できる態勢にはなったものの、今度は自動車が売れる状況ではない、需要がないということで工場を止めたままになりました。

また、中国製のシステムキッチンやユニットバスが輸入できないため、日本の工務店が家は完成させたのにキッチンとトイレがないため、顧客に引き渡せなくなっているという笑えない話もありました。

すべて、**グローバル資本主義のツケが回ってきている**ことに起因しています。部品や生活必需品の調達面でも、インバウンドを含む販路の面でも、海外に過度の依存をする状態から早急に脱却すべきです。

幸か不幸か、ここ20～30年の日本経済の世界における相対的な地位の低下によって、国内での製造コストは、世界的にみて必ずしも高くない状況になっています。

こうした背景から、今後、**生産拠点の国内回帰が加速するでしょう。**

かつて、地方は農産物の自由化で農業が衰退したため、働き手は地方に進出してきた工場に流れました。ところが、その工場が海外移転して働き場所がなくなり、どうにもならずに都会に出て行くというのが典型的な大都市一極集中パターンでした。

今回のコロナ禍によって地方に工場が戻ってくると、都市から人が戻り、雇用も生まれます。工場が日本に戻ってきても、都心に作るはずがありません。日本の長年の課題だった東京一極集中がようやく解消に向かうのです。

MORINAGA's
EYE

Q
13
東京一極集中は、
本当に解消されるか？

「東京」という仕組みは間違いなく終わる

新型コロナウイルスの感染拡大に収束の気配が見えてきたことで、アフターコロナの議論が少しずつ増えてきました。感染症の専門家は口をそろえて、第二波の襲来や突然変異した新しいウイルスが発生する可能性があるので、収束後も、三密を避けるなどの新しいライフスタイルへの転換が必須だと言っています。

しかし、そのライフスタイルの変化が起きた時の最も大きな影響は、**「東京」が消える**ということになるでしょう。そもそも三密は、大都市の象徴です。三密だからこそ、高付加価値のビジネスが成り立ってきたのです。

新型コロナによる自粛要請が出されるなかで、私が最も驚いた変化は、テレワークが大きく進んだことでした。ＩＴ企業では、ある程度進むだろうと考えていたのですが、一般企業でもかなり進みました。

たとえば、東京都の調査では、30人以上規模の企業では、テレワークの導入率が3月の24％から、4月には63％と3倍近くに急増しました。もちろんこのなかには、緊急避難的なテレワークが含まれています。ただ、テレワークをやってみたら、意外にできてしまったという部分も大きいのではないでしょうか。

ただそうなると、コロナ後に大都市の住人には、「なぜ大都市に住み続けないといけないのか」という疑問が生まれます。テレワークで仕事が済むなら、何も満員電車で都心まで通勤する必要もないし、高い家賃や住宅ローンを払い続けて、大都市に住み続ける必要もなくなります。

また、**大都市の大きな魅力となっていた華やかな文化的刺激も、アフターコロナの時代には失われていく可能性が高い**のです。

飲食店を例に挙げると、今後は、対面の食事を避け、隣の人と最低1メートル以上（可能なら2メートル以上）離れる形が望ましいとされています。飲食店を営む人に聞くと、そんな配置をしたら、収容人数が半分以下になってしまうそうです。元々稼働率が低く、店舗スペースに余裕のある地方であれば、問題はないかもしれませんが、東京の高い家賃を考えたら、そんな配置をした途端に赤字になってしまいます。

飲食時には会話も望ましくないとされています。しかし、会話をしない銀座のクラブとか歌舞伎町のキャバクラというのは、そもそも存続が可能でしょうか。

さらに、東京はエンターテインメントの中心でもあります。しかし、ライブハウスは、最も自粛解除が遅れる見込みになっています。大人数が集まった狭い空間で、大声をあげるという行動自体が許されなくなるからです。アイドルの握手会も継続できるかどうかわかりません。東京の最大の魅力だった華やかな文化的刺激は、風前の灯《ともしび》になるでしょう。

それだけではありません。東京は世界中からの訪日客の玄関口でした。しかし、4月の訪日外国人数は2900人と、前年比99・9%減となりました。こうした状況が続くと、海外からの旅行客に支えられてきた都心の高級ホテルは、経営が成り立たなくなります。

さらに、日本のなかで、東京の平均所得が圧倒的に高い最大の原因は、株式譲渡益です。ところが、**感染拡大で実体経済が悪化したのに続いて、今後は不良債権が増えていくので、金融危機が訪れます。**

実際、アメリカの連邦準備制度理事会が5月15日に発表した「金融安定報告書」は、「負債依存度の高い業種ではデフォルトリスクが高まっている」と警告しているのです。

東京圏への一極集中は、24年間も続いてきました。この期間は、グローバル資本主義が広がっていった期間とほぼ一致しています。グローバル資本主義の拡大が、東京の一人勝ちをもたらしてきたのです。それがいま、あらゆる場面で、逆転し始めているというのが現実です。そこに首都直下地震が襲えば、東京の命運は絶たれるでしょう。

MORINAGA's EYE

Q 14

雇用環境の変化による課題は？

外国人労働者への対応から「人種差別問題」に発展する可能性も

一極集中が解消されて「一件落着、めでたし、めでたし」となるかといえば、それほど単純な話ではありません。たしかに、地方に雇用が創出されれば若者が定住し、逆に外国人労働者の数も減り、雇用のバランスはかなり解消されるでしょう。

一方で、**日本が「差別」という新たな外国人問題を抱える懸念が残ります。**

かつてドイツも同じ課題に直面しました。1960年代の高度成長期、ドイツはトルコから大量の労働者を受け入れました。ところが、1973年、1979年の2度の石油ショックの後、景気低迷期に入りましたが、余剰な労働力となったトルコ人が母国に帰らなかったのです。

トルコの労働者は、母国から結婚相手を呼び寄せて家庭を作ったため、ドイツで子どもを育てています。そのため、ドイツ生まれのトルコ人夫婦の子供は母国語が十分に話せません。

そこでドイツ政府は、トルコ人労働者に対してトルコ語の教室を政府負担で開設し、一時期はトルコに家を建てる住宅資金まで援助しました。それでもなかなか減りません。彼らは低賃金労働者層としていまでもドイツに残っています。

同じように、フランスは旧植民地、主にアルジェリアなどの北アフリカから、イギリスはインドから人を呼び寄せました。

そのような状況で、欧州で何が起こっているかといえば「景気が悪くて仕事がない、給料が上がらないのは全部、海外からの労働者の責任だ。あいつらがいるから俺たちの仕事がないんだ」という主義主張をふりかざす政党の台頭です。

反EU、不法移民の追放を掲げるフランスの国民連合（Rassemblement National＝旧国民戦線：Front National）が典型で、似たような政治勢力が欧州各国にあります。

2019年の欧州議会選挙では、マリーヌ・ル・ペン党首の国民連合など極右・民族主義などで構成する「アイデンティティと民主主義」が751議席中73議席を占め、5番目の議席数となりました。以前から私は、外国人労働者の積極受け入れに対して警鐘を鳴らしてきましたが、そのツケがこれから回ってくると思います。

それは差別という形で社会に分断をもたらすでしょう。

≪人種差別はなくならないのか

いまの時代に欧州や北米で露骨な人種差別などあるはずがないと思うかもしれませんが、それは甘い考えです。

私は小学校1年時をアメリカで、4年時をオーストリア、5年時をスイスで過ごしました。そこで経験したのは、根深い差別です。

欧米で生活したことのない人にはなかなか理解していただけないのですが、ヨーロッパでは白人、黒人、その下にわれわれ黄色人種という位置付けです。たとえば小学校で鬼ごっこしていても、私は捕まっても鬼になりません。なぜだと思いますか？

「人間ではない」からです。日本人だからという理由で延々と逃げ回らなくてはならないのです。

身の毛もよだつような差別が厳然と存在し、それを実際に体験してきました。こうした差別はいまだになくなっていません。

スイスの学校のときには、私と一緒にチェコ人が転校生として入ってきました。ジュネーブだったので授業はフランス語で行なわれるのですが、2人ともまったくわかりません。ところが、チェコ人は数カ月でクラスの輪の中に入ります。

私も言葉は喋れるようになっていましたが、「どうして自分は仲間に入れないんだろう」と考えたら、答えは一つしかありません。チェコ人は白人だからというのが、私の導き出した結論です。

「1960年代の欧州と21世紀の現在とは違う」と指摘する人もいるかもしれませんが、それは現実から目を背けた意見でしょう。ネットの世界では一部だと思いますが、たとえば韓国、朝鮮籍の人への差別をまき散らす人がいっぱいいます。逆に韓国では、日本人を敵視するような教育を行なっているのはネット経由で伝わってきます。

そうした差別が社会の分断を生み出し、混乱させる要素となります。

2020年5月末に米ミネソタ州で黒人男性が白人警官に拘束されて死亡した事件をめぐり、全米のみならずドイツや英国など欧州各国で、大規模な抗議デモが続発しました。東京五輪や大阪万博を控える日本も、他人事ではいられません。

外国人労働者の問題は、新たな日本社会の火種となる要素を孕《はら》んでいると言ってよいでしょう。

≪多様性社会では「オタク文化」が再評価される

差別問題を語ると、将来の見通しも暗くなりがちですが、必要以上に悲観的になることはありません。

たとえば、私は自他共に認める「オタク」ですが、おもちゃのイベントなどに足を運ぶと、どこの国の人でもウエルカムな雰囲気が漂っています。それはオタク文化において顕著な傾向であり、このような**ソフト産業は差別をも凌駕《りょうが》する力を秘めている**と言ってよいかもしれません。

ご存じのとおり、日本のアニメやゲームは世界的に高い評価を得ています。その意味では、「オタク文化」は日本経済、日本社会を救うカギとなるでしょう。

2005年のことになりますが、テレビのロケで上海を訪れると、現地で反日デモが起きました。安全のため「外出禁止」を命じられていましたが、私は中国人のオタクと『ドラえもん』と『トランスフォーマー』談義で盛り上がり、反日デモどころか、抱き合うほど意気投合していたのです。

こうしたオタクの縁から、上海のアニメフェスティバルで講演を依頼されたこともあります。私は中国語がまったく話せません。一度は断ったのですが、どうしても、と主催者サイドから頼み込まれ、日本語で話すことにしました。

すると、立ち見が出るほど大盛況。中国人が会場に押し寄せました。彼らは日本のアニメを見ているため、日本語を8~9割、理解できるからです。オタク文化を本場の日本語で聴けるなら、と集まってきたのでしょう。

私のトークが終わった後、『新世紀エヴァンゲリオン』の惣流《そうりゅう》・アスカ・ラングレーに扮《ふん》したコスプレイヤーがステージに上がってきてくれました。すると、眼鏡にリュックを背負い、チノパンをはいた中国人のオタクが彼女に向かって「アスカーッ!」と叫びました。

その瞬間に間違いなく、日本と中国の壁が取り払われるのを肌で感じました。オタク文化が、社会的停滞から生み出される差別を一掃するとまでは言いませんが、解消する方向に働くのは確かです。

その意味で、**日本のソフト、カルチャーが持つ力はもっともっと評価されてよいと思います**。経済効果だけでなく、多様化が進む日本の将来を考える時に、壁を取り払うカギを握る存在となる可能性があるのではないでしょうか。

MORINAGA's
EYE

Q
15

インバウンド需要はどうなるか？

最悪、東京五輪中止も。インバウンド需要は期待薄

新型コロナウイルスの感染症拡大で、インバウンドは、ほぼゼロになりました。

では、コロナ禍の収束後に元に戻るか、そして2021年7月〜8月に延期になった東京五輪を機にインバウンド需要が期待できるかというと、それも疑ってかかったほうがよいでしょう。

そもそも東京五輪までに新型コロナが収束する保証はありませんし、五輪そのものが開催できるかどうかもわかりません。

ミネソタ大学感染症研究政策センターが「パンデミックが最長2年続く可能性が高い」としましたが、そのように見ている専門家もいるわけです。

日本でコロナが収束すれば、オリンピックが開催できるというほど甘い話ではありません。世界的規模で感染者数が激減し、ワクチンも普及する。そうして社会が正常な状態に戻って初めて、「さあ、オリンピック」と言える環境が整います。再度の延長はないのですから、東京五輪**開催は五分五分**程度と見ておいたほうがよいと思います。

五輪でさえその状況ですから、海外の人がかつてのように安心して日本に観光で来られるようになるには相当な時間が必要でしょう。そう考えるとインバウンド需要は5年先、10年先はともかく、ここ1、2年で回復するのは期待できません。

MORINAGA's
EYE

Q
16

医療・介護の現場は
どうなるか？

病院の倒産が相次ぐ

病院の倒産についても注意すべきです。今後、高い確率で経営が成り立たなくなる病院・クリニックが続出するでしょう。

感染症の指定病院は新型コロナウイルスの感染拡大で一時手が回らなくなりましたが、**一般の病院は、患者が半減しています。**とくに小規模のクリニックなどが深刻です。理由は「病院に行くと新型コロナウイルスに感染してしまうから」です。

皮肉な話ですが、いままで小さな病院の経営を支えてきたのは、病気ではないのに通院する人たちでした。テレビのコメディーで、病院の待合室にいるお年寄り同士が「○○さんは今日は具合悪いから、来ないって」と話すシーンがありましたが、それは笑い事ではなく現実の姿です。

私自身の経験を申せば、シンクタンクに勤務していた時代に尿管結石になり、その時に病院の実態を目《ま》の当たりにしました。経験のある方はおわかりでしょうが、尿管結石はジッとしていられないほどの激痛が走ります。そこで私は近所の診療所に駆け込んだのですが、私の苦悶する様子を見て、待合室にいたお年寄りたちが「私たち、病気じゃないからあんた、先に入りな」と順番を譲ってくれました。

病気ではないのに病院に来ているというのは大袈裟《おおげさ》かもしれませんが、少なくとも急を要するわけではない患者が多く来院していたのは事実です。そういう病院にとって神様のような患者が来院しなくなったら、小さなクリニックはすぐに経営が行き詰まってしまうでしょう。

一方で健康という点では、コロナ禍の収束後、自粛の影響をまともに受けた温泉が揺り戻しのようにブームになるのではという見方があります。長期間、自宅の風呂に浸《つ》かっていて、たまには自然に囲まれた露天風呂にも入りたいでしょう。一時的に各地の有名温泉に、観光客が殺到する可能性は高いです。

ブームになるかどうかは別として、**温泉はグローバルとは対極にあるローカルに支えられている産業**と言えるでしょう。

私自身のライフスタイルを説明しますと、時間に余裕があるときは群馬県の昭和村（利根郡）に行って畑の作業をするのですが、当然、土にまみれます。そこで「昭和の湯」という温泉に入り、その近くにあるそば屋「壱乃蔵」で天ぷらそばを食べて帰ってきます。私は全国のそば屋を食べ歩いていますが、断然1位の美味《お》《い》しさです。

このように、温泉とその周辺にある産業は確かなクオリティを保っているところが多く、今後もしっかり生き残っていくと思います。

MORINAGA's
EYE

Q 17

中小企業が再生するカギは？

中小企業は「アーティスト」になれ！

日本の企業数を規模で分類すると、中小企業が99％です。

中小企業の定義は中小企業基本法では、製造業などで資本金の額または出資総額が3億円以下、あるいは常時使用する従業員が300人以下（業種によって基準は異なる）ですが、今回の新型コロナウイルスによる影響で、業種によっては、大企業でもかなり苦しい状況に追い込まれています。

たとえば日本航空は、2020年3月期の連結業績では第4四半期の営業損益は195億円と発表されました。これが続けば企業として存続できなくなるのは明らかです。大企業でさえこの状況ですから、中小企業が生き残るためには並大抵の努力では難しいでしょう。当然、他所と同じことをやっていては生き残れません。では、どうするか。

中小企業に残された道は、大手と戦わず、その会社だけが持っている商品・サービスを提供すること。これに尽きます。

私が運営する博物館（B宝館）は赤字続きですから、「偉そうなこと言うな」とツッコまれるかもしれません。たしかに表面的にはまったく利益は出ていないのですが、じつは2018年、2019年と、かなり赤字が解消されました。当館はお客さんの数は少ないものの、ここにしかない希少な展示を求めて国内外からコレクターが頻繁に訪れます。

メディアの影響も大きいです。たとえば、展示物のティッシュ。街角で配られているティッシュをそのまま保存しているのは、おそらく日本で当館だけです。テレビ局が「ティッシュの番組を作ろう」となると取材に来てくれます。無料で宣伝してもらっているようなものです。

近年、最も収益が上がったのは、東映が主催したトミカ展（東京・伊勢丹新宿本店では2018年1月17日～1月22日）でした。東京、大阪、名古屋、札幌と、私のコレクションが全国の百貨店を回り、その賃料だけで数百万円が入ってきました。

また、日本橋三越で「熱く、元気なあの時代　1980年代展」（2018年8月1日～8月13日）が開催された時には、「ショルダーフォン」などを賃貸しました。

主催者が初期の携帯電話をNTTドコモに借りに行ったところ、ストックがなく断られたそうです。NTTドコモですら保管してないモデルをコレクションしているのですから、映画やドラマの撮影で貸し出し依頼が来てもおかしくありません。

≪自分の商品を「アート作品」と思えるか

静岡県富士市の吉原商店街に「杉山フルーツ」というフルーツギフト専門店があります。

商店街によくある店構えですが、連日、全国からお客さんが殺到して、1日500個を売り切るほどの人気店です。もともと果物を売っていたのですが、美しくカットし生ゼリーで固めて売り出すとたちまち評判に。インスタ映えするだけでなく、味も格別です。保存料を一切使用していないため賞味期限は1日から2日程度。そのため他には卸さず店舗のみの販売ということもあり、多くの人が買い求めるわけです。

杉山清社長は「俺はフルーツアーティストだ」と自称しています。これには、強く賛同します。

私は常々〝**中小企業はアーティストになれ**〟と言っています。

私が経営する博物館も自分なりのアートだと思っています。何を集め、どう見せるかは、その人の感性の表現です。

基本的にやっているのは「ごみの展示」です。タレントのヒロミさんが私の博物館の映像を見て、「うーん、これはきれいなごみ屋敷だね」とコメントしました。さすが表現を生業《なりわい》にする芸能人、物事の真髄を突いてきます。しかし、中小企業にはそれが必要です。

地域と密着するか、そうでなかったら、どこにもないものを作る……まさにアーティストとしての本領を発揮するべき場面です。

大企業相手に価格競争をしても勝ち目はありません。しかし、**価格競争に巻き込まれない、他所では買えないアート作品は、そもそも価格競争の対象になりません。**そこに中小企業が生き残る道が見えてきます。

≪卓越したスキルを〝崩す〟

もう1社、素晴らしい中小企業を紹介しましょう。

群馬県みなかみ町にある株式会社BMZです。BMZが手掛ける高機能インソールは、スキー日本代表選手、プロゴルファー、サッカー選手、プロ野球選手など、日本国内外のトップアスリートに愛用され、各分野のパフォーマンス向上に貢献しています。私の革靴のインソールも同社にオーダーしたものです。

温泉好きの方ならご存じでしょうが、BMZは猿ヶ京というかなり辺鄙《へんぴ》な場所に研究所を建て、開発・製造をしています。しかし、最新のテクノロジーと理論を駆使して作られる製品のクオリティは折り紙付きです。一番安いインソールで8000円、最も高いのは顧客の足に合わせてオーダーメイドするタイプで5万円です。

土踏まずの部分をうまく支えると足が100%本来の働きをするという、同社が提唱する「アーチ理論」が取り入れられており、1日歩き回っても疲れません。筋肉をきちんと使うようになるので筋トレにもなります。私は正直言って「アーチ理論」が難しくてよくわからなかったのですが、実際に履いていると自然に背筋がまっすぐになるのを感じました。

私はライザップで体を鍛えており、姿勢を矯正するトレーニングを始めた頃にBMZのインソールを履いたところ、自然に背筋がまっすぐになりました。この技術は世界最先端と言ってもよいのではないでしょうか。誰もやっていないことを猿ヶ京にある小さな企業がやっており、破竹の勢いで売り上げを伸ばしています。

BMZのような企業こそ、まさに「アーティスト」です。アートは「技術（スキル）」と「芸術」という二つの要素を含みます。唯一無二の技術力と、作り手の感性による芸術性が融合したところにアートがある。**技術のない人がやってもアートになりません。**

パブロ・ピカソがキュビズムの絵を描いた時には「マンガ」と酷評されたのですが、ピカソは写実派の絵を描く卓越した技術をもっていました。その技術をもったうえで、〝崩す〟のです。極限の「ヘタウマ」、それがアートです。

逆に、素人《しろうと》がピカソの絵をまねしようとすると、子どもの絵、言うならば「ヘタヘタ」になってしまいます。一般の方は、なかなかそれを理解してくれません。ましてやお金を払おうと思わないでしょう。

ベースとなる技術があり、そのうえで人がやらないような発想を現実のものにする。そこにビジネスのチャンスが広がるのです。

こうしたことは、中小企業の専売特許ではありません。大企業も「アート的思考」を取り入れつつあります。

アディダスやナイキが取り組んでいるのは、「マス・カスタマイゼーション」です。マスプロダクションでありながら、個々の需要に応じてカスタマイズすると考えればよいでしょう。たとえば、客の足を計測し、最適な形状ソールをコンピュータがはじき出して製品にします。大量生産品ですが、オーダーメイドというものです。

ドイツもイタリアも感性に関わる部分はすべて手作業ですが、たとえば自動走行の技術、経理など、感性に関わらない部分はIT化してしまいます。

付加価値となる社員の感性を活かす工夫をしている企業は、不況に関係なく今後も伸びていくはずです。

MORINAGA's EYE

Q 18

地方の観光地が再生するカギは？

地元民が見向きもしない「もの」を売れ！

世界的な規模で眺めてみると、イタリア経済の地盤沈下が懸念されています（2018年のGDPで8位）。

しかし、**イタリアは絶対に立ち直ります**。

イタリアは地方分権が進んでおり、各地方、それぞれに文化があります。そこで高付加価値の商品を作っています。

高級車のフェラーリは全従業員数が3000人前後。日本の中小企業基本法では大企業の分類に含まれますが、自動車メーカーとしては中小企業と言ってよい存在です。その規模で米ビッグ3やトヨタなど世界の大企業と肩を並べる存在なのは、スポーツカー、高級車に特化しているからなのは言うまでもありません。

大衆車の価格競争など視野に入っておらず、「この価値をわかる方が買ってくれれば結構です」という姿勢を貫いているからこそ、現在のフェラーリがあります。

イタリア北部のマラネッロという小さな都市に本拠地を置いていますが、本社ファクトリーやフェラーリ博物館に足を運ぶ観光客は絶えません。地方にあっても十分存在感を示している好例です。

日本の観光業もイタリアに学び、**その地域だけにあるものをアピールしていけばよ**

い。もし、そのような物がないのなら、「何もない」を売りにすればよいのです。

1974年に森進一さんの「襟裳岬《えりもみさき》」（作詞：岡本おさみ、作曲：吉田拓郎）が大ヒットしましたが、襟裳には何もないという意の歌詞があり、地元の方からは反発があったと聞きます。

襟裳岬は北海道の日高山脈先端に位置する、いわば「最果ての地」です。しかし、襟裳岬を聴いた人びとは「何もない襟裳岬に行ってみたい」と思ったのでしょう。多くの観光客が訪れました。なんと記念の歌碑まで建てられています。

ちなみにその歌碑は島倉千代子さんが歌った「襟裳岬」（作詞：丘灯至夫、作曲：遠藤実）の歌碑の横に並んでおり、同名の曲の歌碑が並立する全国でも珍しい光景を見ることができます。さらに、1974年の紅白歌合戦は、紅組のトリで島倉千代子さんが「襟裳岬」を披露した後、大トリの森進一さんが「襟裳岬」を熱唱という、これまたおそらく紅白歌合戦史上唯一の珍事となっています。

ウンチクはともかく、襟裳岬は風光明媚な場所です。日本有数のバフンウニの産地で、ゼニガタアザラシの生息地としても知られています。

こんなことは地元民にとっては〝当たり前〟で、珍しいものとはまったく思っていません。しかし、襟裳岬を訪れる人は思いもよらない地方の魅力に触れ、一層の感慨に耽《ふけ》るでしょう。「何もない」と思っていたら意外に面白かった。これは、その地方ならではの強みになります。

≪ 長野の魅力を創出した星野リゾート

同じ発想で、たとえば雪深い地域で雪を売りものにするのも〝あり〟でしょう。長野県大町市に星野リゾートが買収した旅館「界 アルプス」があります。立山黒部アルペンルートの入口にあり、冬場は観光客がまったくいなかったところです。それが、冬場には全国から人が押し寄せる人気宿泊スポットになりました。

「界 アルプス」が取り組んだのは、旅館の中庭にかまくらを作ることでした。かまくらの中にろうそくがあり、かまくら体験ができるようにしたのです。さらにお風呂は、長野名物のりんごを浴槽に浮かべる「りんご風呂」。

料理は「雪鍋」とネーミングされたすき焼きで、鍋に綿あめを載せ雪山のように見せます。そこに温かい割り下を上からかけると、瞬時に雪山が消えてすき焼きの割り下ができあがるという、見て楽しむ要素まで考えられた料理です。

旅館の支配人に「ここはりんご風呂や、雪鍋というおもてなしがあって素敵ですね」と感想を伝えたところ、「これ全部、ウチの社員が独自に作ったものです。そんなことをしているところはどこにもありません」と笑っていました。

かまくらは雪国の伝統行事ですが、旅館の中庭にかまくらを作る理由はありません。しかも、かまくらは雪の中でも暖かく過ごせるように考えられたものですから、庭に作って「暖かいね」と言うぐらいなら、暖房の効いた室内にいればよいのです。

また、雪鍋は大根おろしを雪に見立てた鍋物ですが、旅館の雪鍋はマジックを目の前で見ているような楽しさですし、綿あめは、もともと〝ざらめ〟ですから「すき焼き」の砂糖の代わりになります。極めて合理的に、計算されて作られているのです。それを、旅館のウリにしてしまう。要するに**旅館の従業員の創作、もっと言えば「アート」を商品にしているのです。**

私は以前から「1億総アーティスト」で日本社会を活性化しようと言っていますが、中小企業もアーティストにならないといけません。地方には、私たちが知らない魅力がたくさん存在します。それらは工夫次第で、お客さんを呼び込む「カギ」になります。地域に根差した「アート作品」を売る。それが、中小企業のめざすべき道です。

MORINAGA's EYE

Q19

生活・レジャー消費はどうなるか？

巣ごもり消費は一過性。「手間暇のかかること」に需要は流れる

新型コロナウイルス禍で注目された事象の一つに「**巣ごもり消費**」があります。外出自粛を要請され、自宅で過ごすために必要とされる製品・サービスの需要が増えるというものです。

米IT大手「GAFA（Google、Amazon、Facebook、Apple）」の2020年1～3月期の決算は、4社共増収を果たしたました。「巣ごもり消費の影響」と報じられているとおり、家にずっといることで、必然的にネットに向かう時間が増えます。ビジネスチャット、WEB会議ツールの需要も急増しました。

また、Uber Eatsなどの食事の宅配、ゲーム機、たまたま時期が一致したのかもしれませんが、任天堂のゲームソフト「あつまれ どうぶつの森」も大ヒットしました。

ただし、**こうしたコンテンツやツールが、今後も持続的な需要を見込めるとは言い切れません。**

ゲームは戦いに勝ったり、ロールプレイングゲームでうまくいったりしても、所詮はバーチャルな空間での出来事です。オンラインでのやりとりも、対面したときのようなぬくもりや温度感は伝わりません。現実生活に戻ると、「無駄な時間を過ごしてしまった」「なんだか虚しい」と後悔した人は少なくないでしょう。

そのため今後は、**現実の世界で役に立つ、実際に手に触れることができるものに手間暇をかけたい**、というニーズが大きくなっていくのが自然ではないでしょうか。

≪ 作る過程も含めて価値がある

新型コロナウイルスの感染拡大で、テレビの出演機会も減り、私自身、多くの時間を持てるようになりました。有り体《てい》に言えば、暇になったわけです。

そこで毎朝6時に起床し、博物館の3階に未展示のものが山積みになっているので整理して並べる作業もしました。毎日やっても5年ぐらいはかかる量です。

それから畑作業もやっています。

畑はものすごく手間がかかります。私は手間を惜しみませんが、できるだけお金をかけないように心がけています。プラスチックフィルムや稲わらで土壌を覆う「マルチング（mulching）」という農業技術があります。使用するビニールはホームセンターで売っていますが、業務用のため50メートル巻きなど大きいもので高額です。そこで私は〝百均〟で黒いごみ袋を買い、継ぎ目を剥《は》がして開き、自分で穴をあけて地面に張っていきます。まさにＤＩＹです。

その後、トウモロコシをマルチングした畑に埋めたところ、2週間で発芽しました。プロは一つのホールに3粒ぐらい蒔《ま》きます。これは発芽しないこともあるための保険で、もし3粒とも発芽したら一つを残してほかの芽は摘みます。私は、ケチなので1粒しか埋めません。芽が出てこないところはもう一度、種を埋めます。

このように手間をかけて農作物を作りますが、これはバーチャルな世界とはまったく異なります。手を抜けば、簡単にゲームオーバーします。しかし、収穫時の感動はゲームでは絶対に味わえません。

従来、面倒くさいと敬遠されていた仕事、テクノロジーで代替してきた作業が、時間ができることによって注目を集める可能性はあるでしょう。畑の場合は出来上がった作物を利用する目的がありますが、その作る過程も楽しむことで時間が有効利用できます。

こうした楽しみはいまに始まったことではありません。男性なら大抵、子供のころ、プラモデルを作った経験があるでしょう。完成済のプラモデルを買うケースはあまりないと思います。それは、作る過程も含めて楽しむということにほかなりません。

料理やＤＩＹ、自主映画製作などに取り組む人は確実に増えていくでしょう。成果物より体験を重視する。今回のコロナ禍でその傾向がより強まると考えられます。

MORINAGA's
EYE

Q
20

マスメディアはこれからどうなるか？

誰もが広告主となるネットが全盛を極める

メディアに関しても見逃せない動きがあります。巣ごもり消費拡大のなかでGAFAが好調であったことは、あらためてネットの強さを示しましたが、**すでにメディアの中心はテレビからネットに移行しつつあります。**

それを象徴的に示すデータとして、2019年の国内の広告費で、ネット広告費（約2兆1048億円）がテレビ広告費（約1兆8612億円）を抜き1位になりました。ネット広告は前年比119・7％、テレビ広告は97・3％（2019年 媒体別広告費：電通推計）、この流れは止められないでしょう。

ネット広告がテレビ広告を抜くのは当然です。地上波で考えると、東京の民放は5局しかありません。一つの局が60分あたり10分の広告枠を有し、24時間放送をしたとしましょう。1日の広告枠は一つの局で240分、5つのテレビ局で合計1200分。つまり東京キー局で考えれば正味20時間の広告枠しかないことがわかります。

広告枠に使用できる上限が決まっていますから、売り上げをアップするには、高視聴率のコンテンツを作って単価を上げるしかありません。

ネットはどうでしょうか。地上波ほど一斉に国民の注目を集めるコンテンツはありませんが、個人のホームページやブログなど、媒体は毎日増え続けています。

個人でホームページやブログを始めて、アフィリエイトを受け取りたいのなら、Google AdSense などを通じ、広告を入れることです。審査が厳しく、簡単には出してもらえませんが、審査に通れば Google がクリックされやすい広告を自動チョイスして置いてくれます。

市井の人びとが趣味のホームページやブログを通じて広告収入を手にするわけで、テレビとは対照的に広告枠は広がり続けています。

逆に個人がフェイスブックやツイッターに広告を出すことも可能です。**たとえば自身が運営するHPやブログの記事を読んでもらいたいとき、フェイスブックなら1000円から広告が出せます。**１０００円で２０００人程度のユーザーに広告のバナーが掲示され、そこから自身のＨＰやブログに誘導できる仕組みです（商品やサービスによって異なる）。

テレビに出稿できるのは資金力のある大企業がほとんどですが、ネットでは誰もが広告主になれます。しかも全世界からお金が集まるのですから、どちらがビジネス上で優位かは一目瞭然でしょう。

《コロナ禍で浮き彫りになったSNSの弊害

ネット広告はこのように非常に柔軟な運営がされており、硬直的な運営のテレビ広告とはまったく異なります。

それではテレビが果たしてきた役割がネットに取って代わられてしまうかというと、決してそうではありません。ここまでの話は広告費の総額においてネットがテレビを抜いただけにすぎず、媒体としての存在価値に結びつくわけではありません。

たとえばYouTubeは、個人が情報発信するプラットフォームの一つに過ぎません。そこには性的なものや暴力的なものなど、公序良俗に関する規制はありますが、コンテンツの内容について、逐一審査をしているわけではありません。そこで**フェイクニュースの問題**が浮上してきます。

2016年の米大統領選でも、フェイクニュースが選挙の行方に影響を与える要素となりました。SNS上で「ローマ法王がトランプ支持を公式に表明した」というフェイクニュースが世界を駆け巡ったのを覚えているでしょう。

フェイクニュースというよりデマと呼んだほうがよいかもしれませんが、コロナ禍では、「トイレットペーパーがなくなる」という情報がSNSから発信されました。あるいは「白湯《さゆ》を飲むと新型コロナウイルス感染症が治る」などの噂話レベルの話が広がりました。どれもデマや、デマと呼べないまでも根拠が薄弱な情報ばかりです。

ネット上にもテレビ局や新聞社のサイトはありますが、それ以外の個人サイト、SNSなどで、主に政治的思惑や宣伝でフェイクニュースが拡散されることは少なくありません。要するに、**ネット情報は真実とフェイクが混在している**ということです。

奇しくも、SNS全盛の只中でコロナ禍が起きたことにより、これまでネットにほとんど触れてこなかったネットリテラシーの低いユーザーが、デマ拡散に加担してしまったといわざるをえません。真実だと信じていた情報がデマだとわかれば、一斉に叩き、誹謗《ひぼう》中傷するケースも散見されます。

ユーザーはこれまで以上に、情報の信憑性を見極めなければなりません。その時に信頼できるのがテレビや新聞などの旧媒体です。必ず裏を取るからです。

わかりやすく言えば「この情報は眉ツバものだが、NHKもそう報じたから、間違いないだろう」という指標になるということです。その意味で、テレビ局の存在意義はまだまだ十分にあると言えます。

《権力に忖度《そんたく》しがちなテレビ局

しかし、逆の意味で問題になることもあります。**旧媒体は信頼性を担保する存在ですから、基本的に事実を伝える時は裏付けが求められます。**

新型コロナウイルスに関する報道では、民放各局が大きな批判に晒《さら》されました。テレビ朝日のコメンテーターの玉川徹《たまかわとおる》氏が事実と異なることをコメントしたということで、翌日、3分ほど謝罪したのをご覧になった方もいらっしゃると思います。

テレビ局はそのようなことがないように事前に審査を強め、報道の信頼性を担保しようとするでしょう。そのため、たとえば権力に対する批判など、腰の引けた内容になってしまうこともあります。都合の悪い発言は台本からすべてカットされます。それがメディアとしてよいことなのかと問われれば、決して健全とは言えません。

出演者が自主規制している可能性も考えられます。

小泉内閣（2001年4月～2006年9月）の時代、私は内閣情報調査室（内調）の監視対象でした。内調が一度、私に関するファイルを見せてくれたのですが、一つは私が書いたものをすべて完璧にスクラップしたもので、もう一つはすべてワープロ打ちされた文書でした。

「これ、何ですか?」と担当者に聞くと、「森永さんがテレビで発言したことは全部、こうやって文字起こししてあるんです」と、そのような圧力のかけ方をしてきます。内調にここまでチェックされると、普通の神経の人間なら気楽に喋ることはできなくなるでしょう。

その意味で、メディアの権力に対する正当な批判への躊躇《ちゅうちょ》が、自由な発言にブレーキをかけてしまう可能性はあります。

テレビに出る人が政権への批判に口をつぐむようになることは、テレビの官製メディア化であり、媒体の存在価値そのものが問われる状況です。テレビがこの先、メディアとして社会に役立つ存在として存在価値が認められ続けるかどうかは、今後どこまで腹を括って権力と対峙できるかにかかっていると言ってよいでしょう。

≪テレビが生き残る術は「多チャンネル化」

その視点で考えると、東京では文化放送、ニッポン放送、TBSラジオが多様な論者・識者を出演させ、権力への忖度はいっさいなしの「本音」を発信しているように感じます。それが可能なのは、官邸はラジオを聞いていないからとも言われています。最近では、Voicy（ボイシー）のような個人が自由に発信する音声メディアも普及していますし、ＢＳ（衛星放送）も比較的自由です。同じ民放局でも地上波とＢＳを比較すると、ＢＳのほうが圧倒的に自由度は高くなっています。また地方局や独立ＵＨＦ局も、比較的言論の自由を守っています。

こうした流れから、**アフターコロナでは、テレビの「多チャンネル化」が進むでしょう。**全国民が同じ番組、チャンネルを見ている世の中はおかしいでしょう。首都圏と関西圏で放送内容が異なるのはもちろん、極論すれば東京のなかでも台東区と港区では、視聴者が求める情報はまったく違うはずです。企業がやらなければ、個人が始めてもよいかもしれません。

多チャンネル化すれば、広告枠も拡大しますから広告収益は増えます。再びテレビが広告費を含めたメディアの王座に返り咲くかもしれません。現状ではあまり明るい展望がひらけていないテレビですが、可能性は秘めているというのが私の考えです。

MORINAGA's EYE

Q21

米大統領選の行方は?

トランプ敗戦は濃厚、日本には追い風

ここで国際社会に視線を転じてみましょう。

アメリカは2020年11月に、大統領選挙を控えます。その結果次第では日本経済にも影響が及ぶのは間違いありません。

2020年初めまで、ほとんどの評論家が「トランプ大統領の再選は間違いない」と言っていたようですが、私はそのような大きな流れに抵抗し**「バブルが崩壊してトランプ大統領が負ける可能性は高い」**と言い続けてきました。現実にその可能性がかなり出てきたように思います。

トランプ政権は基本的に〝アンチ地球、アンチ人類〟のスタンスを貫いています。大統領就任前から「地球温暖化はでっち上げ」などと主張し、パリ協定で世界が足並みをそろえようとするなか、2017年6月に離脱を宣言しました。正式な離脱は2020年11月になりますが、アメリカは現在、エネルギーを大量に消費しています。1人当たりで見れば日本の約2倍です。その地球環境の破壊が、さまざまな形でわれわれに牙《きば》を剥き始めたと言っても過言ではないでしょう。

もう一つのトランプ大統領の失政は、大きな格差を生み出したことです。貧困撲滅に取り組むNGO「オックスファム」が2017年に発表したところでは、世界の人口の半分を占める経済的に恵まれない36億人の総資産は、世界で最も裕福な8人と同じであったということです。上位8人のうち6人がアメリカ人で、総資産額は約4兆2600億ドル（約460兆円）というものでした。

アメリカンドリームと呼ぶには許容し難い格差です。にもかかわらず、トランプ大統領はアメリカファースト、聞きようによっては白人を優先するかのような政策ばかり打ち出します。新自由主義と言えば聞こえはよいですが、実際は格差を助長し、差別を生み出す「トリガー」と言えるのではないでしょうか。

それでもアメリカ人がトランプ大統領を支持してきたのは、日本とは異なりアメリカ人は老後の資金を預金ではなく株で運用することが多く、株高に誘導する政策を打ってきたからです。しかし、**今回のバブル崩壊で「トランプ・バブル」は消え去りました。**

これにより、トランプ大統領の政策を懐疑的に捉えるようになった人は増えたと思います。

≪ トランプ再選は日本にとってマイナスも

トランプ氏以外であれば、誰が大統領になっても世界は確実に良くなるでしょう。

地球環境を守り、同時に格差を縮小することは絶対に必要です。地球環境の破壊は目に見えて進んでいます。全人類が同じ〝地球号〟に乗っているわけですから、環境問題においては運命共同体です。

じつは、**2018年に地球環境悪化の被害を最も受けた国は日本**とされています。ドイツの環境シンクタンク「ジャーマンウオッチ」がまとめたもので、2019年12月にマドリードで開催された国連気候変動枠組条約第25回締約国会議（COP25）で公表されました。いうまでもなく、台風や水害など自然災害が多発したからです。おそらく2019年も連続で選出されるのではないでしょうか。

中長期的に見れば、世界全体が〝地球を守ろう〟という方向に舵を切れば、日本だけでなく世界にとっても大きなメリットになります。

アメリカの次期大統領は、民主党候補のほうが日本の未来にとってプラスになると言えるでしょう。

逆に、共和党のトランプ大統領が再選されれば（その可能性は低いでしょうが）、日本にとって非常にマイナスになる4年間が訪れます。

MORINAGA's EYE

Q 22

欧州はどうなるか?

ドイツ経済が大躍進する

前述のとおり、欧州はブランド力という強みがあります。また、欧州はＥＵ（欧州連合）として一つの経済圏を形成していますが、加盟各国は多様性をもっています。とくに、**ＥＵの中心国ドイツのものづくりを大切にする国家戦略は、高い評価に値します。**

ドイツと対極にあるのがアメリカです。ものづくりより金融、サービスを重視し、大きな成長を遂げてきました。

私はマルクス経済学で育っているので、「金に金を稼がせてはいけない」という考えを強く持っています。マルクス経済学の基本理論は労働価値説。なぜ付加価値が生まれるのかというと現場で働く労働者が一生懸命努力して、創意工夫をして額に汗して働いた労働量に応じて価値が決まるのです。

トランプ大統領が進めてきた金融資本主義というのは、汗をかかずに金を右から左に動かして儲ければよいではないかという政策です。

私はこの10年ほど、マルクス経済学の基本に忠実に**「真面目に働こうキャンペーン」**を1人で実施しています。額に汗かき働いた量に応じた正当な対価を要求するということです。

私はずっと、組織に籍を置く「労働者」でした。そしてその考え方は、組織を退職したいまも変わりません。雑誌の取材などが来ると「対価を支払ってください」と必ず言います。マクドナルドで働けば、時給1000円程度もらえますから当然です。

すると相手は「本の宣伝になりますから、バーター（交換取引）です」「コメントぐらい、よいじゃないですか」とはぐらかそうとするので、「嫌です。僕は労働者なので対価が支払われない限り働きません」と主張し続けています。

昔、某経済新聞社とケンカもしました。いまはどうだかわかりませんが、当時は取材に対し謝礼という対価をいっさい支払ってくれなかったのです。経済新聞なのに、経済の原則に反しています。経済部長に「テレフォンカードの1枚ぐらいくれたってよいじゃないですか!」と言ったら、本当にテレフォンカードを送ってきました。妙なところで律儀ですが、それ以前の問題としておかしいということを強く言いたいです。

≪欧州はいまのままでよい

話を戻すと、**タスクに見合った対価を支払う、そのために真面目に働くということで社会システムは円滑に機能します**。その精神がドイツでは根づいているから、ドイツ経済は安定しているのです。

ドイツ人は真面目にものを作っています。メルセデス・ベンツ、BMW、ゾーリンゲンの刃物など、世界に誇れるものづくり企業がたくさんあります。古い言葉で言えば、「質実剛健」なものづくり。欧州はイギリスがEUから抜けて軽く見られがちですが、決して軽視すべきではありません。欧州経済はいまも十分世界に通用します。

ドイツの優秀性について言えば、平成ノブシコブシの吉村崇君が思い出されます。かつて『いきなり！　黄金伝説。』（テレビ朝日系）で一緒に「1ケ月1万円生活」で戦った仲ですが、『がっちりマンデー!!』（TBS系）で再び共演したときに話を聞くと、BMWのi8を買ったそうです。

車両本体で2000万円以上する超高級車。あの破天荒でチャラ男の吉村崇君でもi8がほしいと思うほど、ドイツ車には圧倒的なブランド力があることがわかります。彼は最初に運転する時にぶつけたり、こすったりするのが怖くてハンドルを握る手が震えたそうです。

少なからずコロナの影響を受けたドイツですが、これまで通り実直に経済活動を続けていれば、いずれ世界をけん引する経済大国になる可能性は高いです。

MORINAGA's EYE

Q23

中国経済はどうなるか？

アフターコロナでは中国が世界経済の覇権を握る可能性も

日本経済にとって、アメリカと並び大きな影響を及ぼすのが中国です。

中国は世界の工場となり、大量生産をして世界経済の成長に寄与してきました。それが今回の新型コロナウイルス禍の影響で、サプライチェーンとしての機能が果たせなくなる、遮断されると考える人もいるかもしれません。中国経済の減速は避けられないと考えるのが普通でしょう。

実際に、2020年1~3月期のGDPは6・8%減と発表されました。また、実現性は極めて疑わしいのですが、アメリカなど主要国が今回の新型コロナウイルス禍で中国に損害賠償を請求するとしており、その合計は100兆ドル(1京1000兆円)を超えると言われています。

このように中国を取り巻く状況は厳しいものばかりです。しかし、**世界第2位の経済大国が簡単に減速、転落していくとは考えられません。**

習近平国家主席は、2015年5月に「Made in China 2025(中国製造2025)」という産業政策を発表しました。そこで、「もう労働集約型産業はやめよう。人工知能、第5世代通信(5G)、自動運転、宇宙開発、そういった部分を中国の中心産業に据えるんだ」と高らかに宣言したのです。

米中貿易戦争の最大の背景はそこにあります。

トランプ大統領が中国に突きつけた要求を荒っぽい言葉で言えば、「中国は人海戦術で家電製品の組み立てをやってろ。AI、宇宙、自動運転はアメリカの牙城。中国ごときが出てくるんじゃない」ということです。アメリカによる中国への経済制裁（制裁関税）はその考えがベースになっています。

しかし、中国は譲りません。5Gでは、ファーウェイ（華為）がトップに躍り出ました。そこでアメリカがファーウェイに対して、厳しい制裁を次から次へと科したのはご存じの通りです。

2019年5月にトランプ大統領が、アメリカ企業による非アメリカ企業の通信機器使用を禁止する大統領令に署名しました。

さらに、ファーウェイの創業者の娘で、副会長兼最高財務責任者（CFO）の孟晩舟容疑者が、アメリカのイラン制裁に違反したとしてカナダで逮捕、アメリカで起訴されています。

アメリカが技術で中国と競うのではなく、政治の介入によって中国経済の封じ込めを

狙っているのは間違いないでしょう。

≪ 成功の秘訣はいかに早くパクるか

この露骨ともいえるアメリカの「中国いじめ」は、本来アンフェアです。ファーウェイが優れた技術を出してきたら、アメリカはそれを上回る技術開発をすればよいのです。それが経済の原則、自由競争というものです。それができないから、政治で封じ込めようとしている。

アメリカもなりふり構わず中国を抑えにかかっているわけで、それは、アフターコロナでは世界の覇権が中国に移る可能性を認識しているがゆえとも考えられます。

とくに、ＡＩとデータが世界を制する時代になると、ビッグデータに関しては中国が圧倒的な強さを誇ります。14億人前後の人口を抱えているだけでなく、個人情報の保護という発想がないため、実証実験がやりたい放題だからです。新サービスの開発、公開、改善のスピードは段違いです。

この点は、アメリカが逆立ちしても勝てないでしょう。こうした背景から、**中国が世界最大の覇権国家になるまで、10年もかからないのではないでしょうか。**

その点、ソフトバンクの孫正義《そんまさよし》氏は先見の明があり、アリババなど多くの中国企業に投資をしてきました。

日本人のイメージは確実に遅れています。中国は独自の技術がない、〝パクリ〟ばかりと思っている人がいまだに少なくありません。たしかに10年ぐらい前まではそうでした。しかし、IT技術、たとえばスマホ決済は中国のほうがはるかに先を行きますし、AIビジネスも同様です。

冗談半分ですが、ビジネスで簡単に儲けようと思うなら、手っ取り早いのは中国をパクることです。日本で大流行した台湾発祥のタピオカミルクティーも、中国でブームだったという前提があります。

中国の視点をうまく取り込んでいるのが、SHOWROOMです。アーティストやアイドル、タレント等の配信が無料で視聴でき、さらに誰でもすぐに生配信が可能な、双方向コミュニケーションの仮想ライブ空間を提供しています。

創業者の前田裕二氏はサービスを立ち上げる際、中国の先行する企業を訪問して、徹底的にビジネスのやり方を勉強した、とインタビューなどで公言しています。

中国のQRコード決済は、日本のキャッシュレス化に多大な影響を与えました。いまもこれからも、ビジネスで勝ち抜くには中国で成功しているサービスを早く取り入れたもの勝ちです。

第4章

日本株が危ない！

～成功する投資、失敗する投資

MORINAGA's EYE

Q 24

アフターコロナに伸びる市場は？

これから投資するなら日本より中国だ！

日本やアメリカ、欧州、中国の状況分析や今後の見通しを論じてきましたが、本章では、生活防衛策の一つとして具体的な資産運用の方法について説明します。実際に株式投資をする場合にどのような業種、銘柄がよいのか聞きたいという方は多いでしょう。

まず、言っておきたいのは、**私は今後、株主優待目的の場合を除き、日本の株式市場で株を買うことはありません。**皆さんにも「日本の株を買いましょう」と勧めることはしません。

もちろん、株主優待を目的にした株式は今後も保有するでしょうが、投資としては日本の株式市場から離れたほうが賢明と考えています。

第2章で述べた通り、今回の新型コロナウイルスに対する政府の対応の愚かしさを見て、日本が「発展途上国」に転落していくというシナリオにますます確信を強めました。

発展途上国というとこれから発展する可能性があるではないかと言われそうですが、それは言葉遊びの類。要するに、日本の経済が近い将来、現在の発展途上国レベルになるということで、実質的には発展停止国、あるいは衰退国と呼んでもよいカテゴリーに含まれてしまうということです。

では、どこの株式を買うかといえば、セカンドベストは、アメリカです。日本よりもはるかにまともな新型コロナウイルス対策、経済対策を打っているからです。

ただ、買うタイミングは難しい。一応の目安としてダウ平均が1万5000ドルを切ったら買い始めようと考えています（2020年6月1日時点で2万5475・02ドル）。

そこで、**私は現時点で最も期待できる投資先は、中国だと考えています。**

中国は新型コロナウイルスの感染源ですが、強力な政府権限を使って都市を封鎖して、日本よりはるかに早くピークアウトを迎えました。その後、マスクや医療機器を大量に輸出するなど、いち早く経済を立て直しつつあります。もちろん、現時点でいえば、中国もコロナウイルスの被害の大きさは半端ではなく、毎年続けてきた全人代での経済成長率の目標も明示できないという状態に陥っています。しかし、将来性を考えれば、中国への投資のチャンスです。

もっとも、米国株と比べて、一般の人が中国株を買うのはむずかしいです。ですから、中国を含む新興国のファンドを買うほうがよいと思います。

≪二番底に気を付けよ

2020年5月8日に4月分のアメリカの雇用統計が発表されました。景気動向を反映するとされる非農業雇用者数は、前月比2050万人も減って、世界恐慌以降で最大の落ち込みとなっています。さらに失業率も3月の4・4％から4月は14・7％と3倍以上に上がりました。これまで戦後最悪だった1982年11月の10・8％を大きく上回って、戦後最悪を更新したのです。

リーマン・ショック後の09年10月でも、失業率は10・0％でしたから、**今回のコロナ・ショックは、リーマン・ショックよりもはるかに大きな衝撃を経済に与えた**と言えるでしょう。トランプ大統領は、新型コロナ対策で、2兆9000億ドルもの財政出動を実施しましたが、焼け石に水だったのです。

ところが、雇用統計が発表された日のニューヨークダウは、前日比455ドルも上昇して、2万4331ドルになりました。先に述べたように、シラーPERが25倍を一定期間超え続けるとバブルが崩壊するというのがこれまでの経験則です。シラーPER25倍は、ニューヨークダウに当てはめると2万3000ドルになりますから、アメリカの株価はすでに新たなバブルに突入したことになります。

リーマン・ショックの際は、2008年9月の1万1790ドルから、半年後の09年3月に6470ドルまで、45%も下げました。だから私は、コロナ・ショックで半額ぐらいには株価が下がるだろうと予測していたのです。ところが今回は2月の2万9551ドルから、翌月には1万8591ドルへと38%下げた後、6月1日には底値から37%も上昇したのです。

正直言って、私はこの戻しをまったく予測していませんでした。

じつは、株高の揺り戻しは日本も同じです。1月の2万4116円の高値から3月には1万6358円へと32%下落したものの、6月1日にはその底値から34%値を戻しているのです。

もちろん、日本経済は、最悪の状態です。

そもそも、2019年10月の消費税引き上げで10～12月期のGDP成長率が年率7・1%下落したことに加えて、2020年1～3月期は年率3・4%下落、4～6月期は、5月3日に『産経新聞』が発表したエコノミスト予測の平均で21・8%のマイナスとなっています。この予測が正しいとすると、私の計算では、現在、日本のGDPは1

年前よりも8％以上減っていることになります。

日本のGDPが最も減ったのは、リーマン・ショックが起きた翌年（2009年）のマイナス5・4％ですから、いまの日本経済は空前の危機に立っていることは間違いないのです。

それなのになぜ株価が上がるのでしょうか。表面的には、株価は半年後の景気を織り込むから、投資家が半年後のV字回復を織り込み投資をしていると言えるのでしょう。

ただ、**本質は2月のバブル崩壊で痛手を負った投資家が、損失を取り返そうと、マネーゲームを繰り返しているというのが実態**なのではないでしょうか。

だから私は、今後の世界経済と日本経済は、二番底に向かうのではないかと考えています。どんなバブルも実体経済を完全に無視することはできないからです。

こうした見方をしているのは、私だけではありません。実際、米国連邦準備制度理事会（FRB）が2020年5月15日に発表した「金融安定報告書」は、暴落した株式などの資産価格が再び大幅に落ち込む恐れがあると警告しているのです。

その意味では、株式投資を始めるのは、もう少し後でもよいかもしれません。

MORINAGA's
EYE

Q
25

金（ゴールド）は買いか？

金保有はリスクが高く、日本人には安全資産としてのメリットはない

最近は金相場が上昇しています。20年前の2000年には1グラム1000円を少し上回る程度でした。それが現在は6000円を超えています（2020年6月1日時点で販売価格税込6649円、三菱マテリアル）。ちなみに日経平均株価は2000年3月に2万円を超えましたが、その後、ITバブル崩壊で急落しました。

金は、資金に余裕がある富裕層が持つ資産です。戦争などで大規模な経済危機が起きたときに、最も頼りになるのが金だと言われます。株式も債券も「紙くず」になる可能性がありますが、金はいつでもどこでも通用するゴールドだからです。

しかし、資産運用として金を大量に持つことはお勧めしません。まず莫大な資金が必要です。お父さんが毎月の「お小遣い」を使って気軽に投資しようと思ったら、毎月コツコツと定額購入するしかありません。また、メイプルリーフ金貨は緊急時に持って逃げるのには便利ですが、手数料が高いので投資商品としては魅力的とは言えません。

安全資産として金を保有するメリットもありません。中国人、インド人、中東の人たちは金が好きです。これらの国・地域に共通するのは歴史的に戦乱が絶えなかったこと。そのため彼らは何かあった時のために金を持ちたがるわけです。

そして、いざというときは金を持って逃げる。彼らにすれば、安全資産として長期保有が前提ですから、金相場が乱高下してもおかまいなしです。

そう考えると、**国家が安定している日本やアメリカでは、安全資産として金を保有することはそれほど意味がありません。**日本では戦後、預金封鎖や新円切替、また復金インフレなど経済状態が不安定になり、ハイパーインフレで円の価値が暴落しましたが、今後、そのような事態が起きる可能性はまずないでしょう。

≪金の恐るべきデメリット

個人的には、金には手を出さないことにしています。過去に痛い経験をしているからです。

1980年に大学を卒業し、日本専売公社（現日本たばこ産業＝JT）に入社した私は、主計課に配属されました。毎日朝の8時半から午前2～3時まで働き続け、1カ月の残業時間が二百数十時間を超える生活をしていました。当時は、働いた分だけ残業代が支給されたため、入社1年目で手取りが33万円に達しました。

いまなら、新入社員が月給70万円から80万円もらう感じでしょうか。おかげでかなり貯金できました。そこで、よせばよいのに共済組合から借金し、貯金と合わせて金の延べ板を2枚買いました。

その後、金価格が暴落。当時、結婚を控えていた私は、式場の費用等で資金が必要でした。仕方なく1枚売って資金を捻出。そのあと、メキシコの債務危機（1982年）などで金が暴騰したので、残りの1枚を売って多少取り戻せたものの、共済組合の借金だけが残るという辛い思いをしたものです。

もちろん、資金に余裕のある人が金を買うのは止めません。しかし、**資金に余裕がない状況で金を買うと、万が一の事態に直面した際に手放すと損が出るケースも起こりうる**ので、慎重に構えるべきです。

≪ 金の盗難にご用心

金で思い出すのは、竹下内閣（1987年～1988年）がふるさと創生事業で全市町村に1億円を交付した時のことです。複数の自治体がその資金で金を買いました。

当時は金がかなり安かったので、よい判断ではあると思いますが、じつはその後、岐阜県墨俣町《すのまた》（現大垣市）、高知県中土佐町《なかとさ》、大分県中津江村《なかつえ》（現日田市）では盗難の被害に遭っています。

金は盗難が多いことはよく知られています。紙幣はあくまで紙切れであり、それ自体に価値はありませんが、金はそれ自体に価値があります。

宝石は盗んでも加工が難しく、現金化は困難です。その点、金は柔らかく簡単に潰せますし、スクラップしてもそれほど値段が下がらず、換金できます。盗人としては魅力があるでしょう。

そうした点からも、自宅に大きな耐火金庫を持っていたり、銀行の貸金庫に保有できる富裕層は別として、一般の方に金の保有はあまりお勧めできません。

ちなみに、金の販売店に行くと眩《まばゆ》いばかりの金が飾ってあります。あれはフェイクです。精巧にできていて、素人にはまず見分けられません。

私の運営する博物館には金の延べ板を展示してありますが、もちろんイミテーションゴールドです。金の販売店と同じ物で、価値はありません。金は盗まれやすいと知っているだけに、本物は置かないようにしています。

以上のように、金を投資の対象として考える場合にはさまざまなリスクが伴うことを意識したほうがよいでしょう。

MORINAGA's
EYE

Q
26
生命保険の節約術は?

子どもが成人を迎えたら保険の見直しを(保険料は払い終えておく)

生命保険は、**かなり長期的な視点が必要になり、人生設計という意味では若い頃から加入しないと意味がありません。**基本的には、万が一のことがあったときに、残された家族の生活を守るためのものだからです。私の場合、60歳まで生命保険に加入していましたが、現在は終身保険の部分が300万円残っているだけです。ただ、それは支払い済みなので保険料の支払いはありません。

生命保険は、契約者が突然死亡した場合、残された家族の生活を保障するのが最も基本的な機能です。そのため、私も子どもが成人する前は十分な保障があるように支払ってきました。

しかし、**子どもが成人を迎え働き始めたら、保障額は見直すべきです。**

現在は子どもが独立し、私が死んだ場合の家族の生活保障は妻以外には必要なくなりました。300万円あれば自分の葬式代は出ます。ですから、私個人にはもう生命保険のニーズはありません。

ただ、私の会社としては加入しています。私の会社は、私が死ぬと倒産の危機に瀕《ひん》するため、死亡時に会社に保険金が支払われるようにしました。これは倒産防止措置です。

自分の仕事に関して法人化をしている場合はともかく、一般的な風潮として、生命保険のかけすぎの人が多いように感じます。一度、ライフサイクル、生活スタイルに合っているか見直すことをお勧めします。

なお、生命保険は所得税に対して生命保険料控除があるうえ、**相続時に生命保険の非課税枠が設定されている**ことは覚えておいたほうがよいでしょう。法定相続人1人につき500万円まで税金がかかりません。ですから500万円、1000万円程度の小型の保険に入っておいたほうが税務上有利になります。

MORINAGA's EYE

Q27 不動産投資は大丈夫か？

都心の地価は崩壊寸前。投資目的なら東京五輪後に底値で買うべし

東京都心部の不動産投資は、いまはお勧めしません。

東京都心の地価は、2021年の東京オリンピック前に大暴落を起こします。

これは一般常識で考えても当たり前の話です。

たとえば、東京・銀座5丁目の鳩居堂《きゅうきょどう》前の路線価は、2019年で坪1億5048万円です。バブル直後のピークだった1992年の時でさえ、1億2045万円でした。これだけでも、十分バブルであることがわかるでしょう。

そもそも鳩居堂はお香も売っている文房具屋です。仮に30坪だったとして、いま銀座でその広さの土地を手に入れるのに、単純に45億円かかります。文房具屋を営むのに45億円の金を投じて採算が合うかというのは子どもが考えてもわかる話で、採算が合うわけがありません。

なぜ、こんなに都心の土地が高騰しているのでしょうか。

東京都心の不動産を賃貸に回した時の利回りは、わずか1％か2％程度。物件によってはゼロです。それなのに物件を買う人がいるのは、**「買えば上がる」**からです。土地を保有しているだけで地価が上がっていくなら損はしないだろう、ということです。

佃《つくだ》のタワーマンションは数億円します。麻布、赤坂となると、10億円はくだりません。ところが、サラリーマンの生涯年収は2億円程度。どうして10億円のマンションが買えるのかというと、「金に金を稼がせている」からです。バブルを起こしてマネーゲームで金を稼ぎ、それが東京という街を形づくってきたのです。

そのおこぼれに預かる富裕層と、その富裕層の〝しもべ〟がたくさん集まってきているのが東京の構造であり、私はその構造が崩れると考えています。

≪ 5%以上の表面利回りが確保できる物件を狙え

いまバブルを起こしているのは、東京都心部だけです。他の地域は、そもそもバブルを起こしていないので、バブル崩壊の影響は、ほとんど受けないでしょう。

それでは、バブルを起こしている場所とそうでない場所をどう見分けるのか。それは、**不動産投資をしたときにきちんと利回りが取れるかどうか**です。

不動産投資の利益は、「インカムゲイン」と「キャピタルゲイン」の2種類に分かれます。

「インカムゲイン」というのは、購入した不動産を貸し出すことで得られる「家賃収入」です。その家賃収入が投資金額に対してどれだけの比率になるかというのが、「表面利回り」です。

投資家は家賃収入のなかからローン返済や諸経費を支払わないといけませんし、空室になるリスクにも対応しなければなりません。ですから、表面利回りが3％を下回っている物件は、手を出してはいけません。

可能なら5％以上の利回りを確保しておくべきです。都心の不動産には表面利回りが3％を下回っているものがたくさんあります。それだと賃貸に回しても、実質赤字になりかねません。

それでも、買い手が後を絶たなかったのは、「キャピタルゲイン」が得られるからです。キャピタルゲインというのは、物件を売却したときに得られる「値上がり益」です。東京都心の地価は、リーマン・ショックの影響で一時的に下落した後、この10年間、ほぼ一貫して上昇してきました。つまり、インカムゲインが取れない物件でも、キャピタルゲインで十分な収益が獲得できていたのです。

ただ、これまで述べてきたように、コロナ後のライフスタイルの変化のなかで、その構造は変わる可能性が高いでしょう。少なくとも、値上がり狙いで都心の物件を買ってはいけないと私は思います。

MORINAGA's
EYE

Q
28

低所得時の節約術は？

知らなきゃ損！
お得な割引サービスを
使いこなせ

日本が発展途上国になるという前提のもと、これからの時代は**低所得のなか、創意工夫しながら快適に生きていくことが大きなポイント**になります。

そのためには確実な投資をして資産を増やす、かつ、日頃の生活でも節約を心がけ、資金を流出させないことも大事です。ここではそうした節約術を紹介します。

≪スマホ決済アプリの合わせ技で外食をもっとお得に

外食やテイクアウトをしたいけど、節約のために自炊するという人は少なくないでしょう。しかし、**クーポン券やスマホ決済の割引等をうまく利用すれば、自分で作るより食費が安上がりになります。**わが家は株主優待券で支払う場合が多く、1人500円以下で済ませられる時もたくさんあります。

スマホ決済はPayPay、LINE Pay、メルカリペイ（メルペイ）、au PAY、d払い、QUICPayを使い分けています。キャンペーンをうまく利用するためです。たとえばスマートニュースのクーポンを使用すると、期間限定ですが、1299円のハンバーグとカットステーキセットが半額以下に。それをPayPayで払うと25％引きになるので実質、400円程度で食べられるということもありました。

ＪＡＦ（日本自動車連盟）の会員誌にはクーポン券がついており、吉野家の牛丼は時期によって異なりますが30円引き、すき家は50円引きになります。また、デジタルＴポイントカードのポイント還元と、PayPay の割引サービスを併用すれば、税別３５２円の牛丼並が２００円台で食べられます。

どの支払い手段がベストか、その時、どんな割引をどの店でしているか、どのクーポンを併用できるか。その結果、一番お得に食べられる店を探し当てるのは至難の業《わざ》ですが、お子さんと一緒に考えれば経済の勉強にもなります。ぜひ試してみてください。

≪金券ショップを利用すれば交通費がお得に！

新幹線など交通機関を利用する際は、割引チケットを使いましょう。

たとえば、ＪＲ東日本で「大人の休日倶楽部」に入れば、片道・往復・連続で２０１km以上を利用する場合、50歳以上（ミドル）は５％引きで買えます。65歳（女性は60歳）以上なら、「大人の休日倶楽部ジパング」に加入することで、30％割引になります。

金券ショップで取り扱っている「回数券のばら売り」も狙い目です。出張の多い方はまとめて購入しておけば、東京－大阪間の往復で１０００円近く浮きます。

また「分割購入」という方法もあります。ＪＲの運賃は営業キロ数で決定されていますが、特定区間は安く設定されています。そのため、チケットの買い方次第では通しで買うよりも安くなるのです。

具体例を挙げると、東京から大船までは８２０円かかりますが、東京から横浜４８０円＋横浜から大船３１０円と分割すると合計で７９０円しかかかりません。分割することで運賃が３・６％安くなります。

「駅すぱあと」などの交通系の案内ソフトやアプリで調べれば、どこの駅で分割購入すれば安くなるかというのは出てくるので、それを「えきねっと」（ＪＲ東日本のチケット販売サイト）を使って事前に予約しておけば、駅の券売機で簡単に発券できます。

≪地下鉄移動の強い味方

私は月曜日に文化放送に出演しており、都営地下鉄の大門駅で降りないといけないのですが、都営地下鉄と東京メトロとの乗り継ぎは割引にはなるものの、料金は安くありません。そこで、羽田着のＡＮＡ国内線を利用する際、空港に隣接する京浜急行の窓口に行きエアチケットを見せます。

すると、**東京メトロと都営地下鉄の両方に乗れる「Tokyo Subway Ticket」24／48／72時間有効（使用開始から）が購入できます。**72時間チケットの場合、足かけ4日間乗れて1500円（羽田着のANA国内線利用が条件）です。私は地下鉄移動が多いので確実にもとが取れます。このチケットの存在を知る人はほとんどいないでしょう。

また、静岡県以西から東京駅・品川駅を訪れた利用者を対象に、地下鉄乗り放題チケット「Tokyo Subway Ticket」24／48／72時間有効（使用開始から）も販売されています（「スマートEX」利用が条件）。こちらも、72時間券は1500円とかなりお得です。東京メトロだけなら24時間乗り放題で600円の一日乗車券があります。200円区間3回で元が取れます。

時差回数券は、東京の私鉄が概ね取り入れています。平日の10時から16時までのあいだと土、日であれば、10枚分の値段で12枚、土休券（土・休日割引回数乗車券）は14枚です。金券ショップに行けばバラ売りしているので、有効期間の3か月では使い切れない人は、そちらを利用するとよいでしょう。

≪株主にならなくても優待を受ける方法

株主優待パス・チケットも有効活用したいところです。ある大学の先生が日光に移り住んだのですが、大学まで通うには交通費がかなりの負担になります。定期券を購入するにしても、週に数回の出勤なので割高になってしまいます。そこで、その先生は金券ショップで東武鉄道が半年間無制限乗り放題になる「株主優待乗車証」を購入して、交通費を節減することができました。

本来、全線パスを獲得するためには何千万円もの株を買わないといけませんが、もらっても使わない人が金券ショップに売りにくるので、それを買えばよいというわけです。

こうした細かい積み重ねで無駄な支出を抑えることができます。

MORINAGA's EYE

Q29

働き方・テレワークはどうなるか?

オンライン化は進むが、「間」を重視する現場はなくならない

コロナ禍が日本社会にプラスの影響を与えたとしたら、それはテレワークの普及でしょう。

2020年2月29日に安倍総理の記者会見がありましたが、そこで「この機に感染拡大防止の観点からも、テレワークなどIT技術を活用しながら社会のあらゆる分野で遠隔対応を進め、未来を先取りする変革を一気に進めます」という発言をしました。

働き方改革が進められるなか、新型コロナウイルスの感染拡大防止のため、自宅での勤務を余儀なくされた人たちは慣れないテレワークを強いられることになりました。ですが、**通勤時間という無駄な時間を省けたのは確かです。**

テレワークは、コロナが収束しても、日本の新しい働き方として根付くはずです。

わざわざ会社に出勤することなく、オンラインで会議をすませ、会社と同じ作業を自宅でこなせたら、各人の自由な時間が増えるだけでなく、通勤で体力・気力を消耗する必要もありません。会社としても交通費が大幅に削減できます。

ただ、**テレワークが可能な仕事と不可能な仕事があるという事実をしっかりと認識すべき**です。たとえば、看護師や介護士は患者や利用者の近くにいなければなりません。清掃業もテレワークで街を綺麗にすることは難しいでしょう。報道機関もテレワークを進めていたようですが、事件現場に行かずに報道はできませんから、すべてをテレワークにすることは不可能です。

ツッコミが0・1秒遅れる

技術的にも、まだ大きな課題を抱えています。

以前、ある番組に出演した時のことです。新型コロナウイルスの影響で出演者4人が別々の会議室に入り、Zoomというアプリを使って収録を進めました。1時間半ほどの番組だったのですが、これまで味わったことのないストレスを感じました。

一つは音声が頻繁に切れることです。そのため相手が何を言っているか正確に把握できず、円滑な討論ができませんでした。もう一つはディレイ（遅れ）の発生です。回線状況が原因なのかわかりませんが、ディレイによって微妙な会話のズレが生じました。

西川きよし師匠によれば、お笑いの世界はツッコミが0・1秒遅れたら、誰も笑わないそうです。ボケは観客もすぐわかりますから、即座にツッコミが入らないと、ボケ役と観客は同時にツッコミを待ってしまうわけです。

討論も同じです。**議論している時に0・1秒のディレイが議論を著しく低調なものに**

します。話芸は話していない部分を含めての芸です。微妙な間を求められるような類の仕事には、十分に対応しきれていないのかもしれません。

これから5Gの時代になれば改善されるのかもしれませんが、現在の通信環境と技術の下では、テレワークに全面移行してしまうのはやや不安があります。

≪業種によっては旧来の働き方が続く

ラジオは、コロナ禍の自粛中も電話や中継回線を使って番組を作っていました。そこで実感したのは、フェースtoフェースと通信回線上のやり取りでは、トークの質に差が出るということです。

毎週、文化放送の「大竹まこと ゴールデンラジオ」に出演しています。スタッフが大竹さんに電話回線を通じた出演を打診したところ、「絶対、ダメだ」と断ったそうです。大竹さんも長年バラエティーやコントをしてきていますから、間の重要性はわかっています。

電話で通話しながらツッコミを入れるのは、かなり高度なテクニックが求められます。素人には無理です。個人的には、お笑いや演劇、音楽ライブなどお客さんを入れて成り立っていた商売がオンラインに置き換わることはありえないと信じています。

ただ、そうした考えは、年寄りの思い込みなのかもしれません。

私が現在、担当している連載は20本ほどありますが、1本を除き、すべて紙媒体です。一方、息子・康平の連載は100%ネット媒体です。

私の場合、打ち合わせは向き合ってやるべきと考え、常にフェースtoフェースでやってきましたが、息子は以前からZoomを利用しています。そう考えると、もう私のような頑固じじいの時代は、終わったのかもしれません。

MORINAGA's EYE

Q30

アフターコロナの働き方改革とは？

「働くマシン」ではなく、自ら管理して結果を出す「自律人間」をめざせ

働き方改革は仕事に対する考え方、それに伴う生活のあり方、人生の過ごし方にも影響します。ビジネスパーソンに限らず、全国民にとって極めて重要なことです。

具体的には、時間外労働の制約が課され、原則として月45時間・年360時間を超えることはできません。特別な事情があっても、時間外労働は年720時間以内、時間外労働と休日労働の合計が月100時間未満とされるなど制限されており、違反した場合には懲役を含む罰則があります。年5日の有給消化も義務付けられました。

強制力をもって時間外労働を制約するだけに、問題視されてきたブラック企業が消滅するかもしれません。しかし、**企業が人件費・残業代のカットを目的に「問答無用です ぐ帰れ」という制度は、労働者を侮辱しているようなものです。**労働者を人ではなく、働くマシン、会社や工場の1パーツとしか見ていないのでは、と疑いたくなります。

働き方改革を行なう目的は、「働く方の置かれた個々の事情に応じ、多様な働き方を選択できる社会を実現し、働く方一人ひとりがより良い将来の展望を持てるようにすることを目指しています」（厚生労働省ホームページ）というものです。

このように、日本国民の人生を豊かなものにし、より良い社会にするという高尚な目的をもって行なわれるものですから、たんにブラック企業対策ができれば良いというものではありません。

≪ やることをやって、サボる

知的創造社会になっていくほど、ガツンと仕事に没頭する時期が重要になります。

本当に夢中になれる仕事に出合えたら、24時間操業しようが、200時間残業しようが、まったく苦とは思わないものです。仕事が一段落したら1週間でも、1か月でも休暇を取ればよい。逆に会社もそのような休暇の取り方を許可する柔軟性を高めるべきです。

国や会社から命令されるのではなく、労働者自ら、仕事や体調を見ながら自由に労働時間を設定できるようになるのが理想の働き方でしょう。

バブルの時代、私はシンクタンク（三井情報開発株式会社総合研究所）にいましたが、大袈裟《おおげさ》でなく会社は〝濡れ手で粟〟の状態でした。

当時の室長は「ガンガン働いてノルマよりも3000万円余分にやれ」と部下たちに指示しました。「ノルマ以上にやって意味があるんですか？」と聞くと、「それで遊ぶんだ」という答えが返ってきました。

そのおかげで、1年で世界を2周ぐらいする海外出張という名の「海外旅行」にたくさん行けました。当時、世界を駆け巡った経験は、生涯の財産になっています。何より、相手が外国人だからといって臆することがなくなりました。皮肉にも、厚労省の言う「働く方一人ひとりがより良い将来の展望を持てる」仕事の仕方であったと思います。

がむしゃらになって仕事に没頭した経験があるから、いまがあると思っていますし、働くべきときに集中して働くほうが、経営的にも生産性が高いです。

やることをしっかりやったうえで、賢くサボる。これが正解です。一律に労働を制約するのは、逆に人間らしさがなくなるように感じます。

コロナ禍により、ホワイトカラーの人たちが、自分自身で時間と健康をコントロールしながら結果を出し、生産性を上げるほうに舵を切り始めました。また、自宅にいながら、パブリックに向けた情報発信やサービスの提供も不自由なく行なえる環境が整いつつあります。

これまでは「会社のために、あまり働きたくない」という人が退職して独立するパターンが多かったのが、**これからは「社会のために、もっと働きたい」と考えて会社を飛び出し、起業する「自律型人間」が増えるでしょう。**

第5章

都会を飛び出し「トカイナカ」で暮らせ！

～自給自足で自律的に働く方法

MORINAGA's EYE

Q31

東京一極集中を解決するには?

キーワードは「地方分散」と「マイクロ農業」

本章では、年収200万円でも暮らしていける生活防衛策を中心に、新たな生活スタイルの提案をしていきます。

じつは、私は30年以上前から都心から1時間半もかかる都会と田舎の中間に存在する「トカイナカ」で生活しており、そこから都心に出稼ぎに出ています。東京と比べれば、自然も豊かで、人の密集もはるかに少ない。近隣の農家が作った農産物を直接買うこともできます。私自身、畑を借りて、野菜作りもしています。

こうしたトカイナカこそ、年収200万円時代でも豊かに暮らすのにふさわしい「理想郷」なのです。

私が考える新しい時代における理想的な社会のあり方とは、グローバル資本主義の基本理念である大規模・集中を捨て、**「小規模・分散」**に転換することです。

これまで東京一極集中が進んできたのは、農林業の市場開放によって木材や農産物の価格が下落し、農業だけで生活できなくなったからです。さらに工場が海外移転して、地方での雇用の場が失われてきたからと言ってよいでしょう。

現代社会では社会保険料や電気代などの支払いのため、ある程度の現金収入が必要になります。ところが、農業だけではそれが賄えなくなり、若い人を中心に故郷を捨て東京へと向かう動きが顕著になりました。

一方、政府がとってきた政策は、農業の担い手に農地を集約して農業基盤を整備し、農家の所得を高めることでした。そうすれば、農業だけで生活できるだろうという考え方です。しかし、それだけでは、確実に国土が荒廃します。

これまでの日本の小規模農業は、里山との共存の下で行なわれてきました。山に入り自然の恵みを得るとともに、間伐をして、木材を育て、炭を焼いたりして現金収入を得てきたのです。こうして、日本の山を守り、環境を守ってきました。その伝統的習慣が失われてしまうのです。

さらに、利益の最大化を目的とした大規模農業では、食の安全を守れる保証がありません。現にアメリカでは植物を軒並み枯れさせてしまう非選択性の除草剤を散布し、その除草剤に耐性のある遺伝子組み換え作物を育てています。

そのような食料が、安全であるはずがないと考えます。ところが、多くの国民が知らず知らずのうちに口にしている可能性があるのです。日本の大規模農家も、効率最優先の農業をいっそう推進すれば、そうならないという保証はありません。

消費者も考え方を改める必要があります。インド建国の父、マハトマ・ガンディーが唱えた「**近隣の原理**」です。

近くの人が作った食べ物を食べ、近くの人が作った服を着て、近くの大工さんが作った家に住む――そうした小さな経済の輪が、グローバル資本主義からの防御壁となります。いわば「地産地消」の考え方です。

ただ、グローバル資本主義を完全に否定することは、現実問題として無理でしょう。明日から全国民が地方に移り住み、農業に従事できるとは思えません。一時的にすべての経済活動がストップしてしまいます。

現実的な解決策は、従来の日本の兼業農家を守るとともに、多くの国民が「自分の食べ物は自分で作る」というマイクロ農業を普及させることなのです。

≪田舎で起業するビジネスパーソン

東京の人たちが必死に働き続ける理由の一つに、高い家賃と住宅ローンが挙げられますが、**私が住むトカイナカに住めば、家賃は劇的に安くなります。**

さらに都心から離れたイナカに行けば、地価は0円に近くなると言っても過言ではありません。たとえば地方の中山間地域に行くと、畑が1ヘクタールぐらい、家があって、山がついて800万円程度です。1000万円台はほとんどないと思います。少し頑張ってお金を貯めていれば、キャッシュで買える価格です。

もちろん、田舎はユートピアではありません。近隣にコンビニやカラオケがなく、夜になると真っ暗になる。現金収入を得るための生業《なりわい》のほかに、祭祀事や町内会の集まり、清掃活動など共同体を支えるための仕事を分担するなど、それなりの苦労がありま す。時として近所の人が生活エリアに入ってくることもあります。東京の生活に慣れた人には人間関係が濃厚すぎると感じるでしょう。

その人の人生観に応じ、東京や大阪から適切な距離をとるのが一番よいと思います。私の場合、その距離が所沢というトカイナカだったわけです。

若い人であれば、トカイナカではなく、完全な田舎にチャレンジしてもよいと思います。自治体が移住のための助成金を支給するところがありますし、一定期間住む条件で家を提供してくれるところもあります。

実際に移住したビジネスパーソンも少なくありません。「自給自足」を実践するとともに、スタートアップ(起業)や、近隣の企業で働くなどして生活資金を稼いでいます。思い切って新天地に飛び込むのも一つの選択肢ではないでしょうか。

MORINAGA's EYE

Q32

トカイナカ生活のメリットは？①

買いだめ騒動が起きない

トカイナカにいても、これまで通りの仕事はできます。パソコンがあれば、オンラインで会議や打ち合わせは可能です。

私の場合、テレビの収録などは早朝や深夜におよぶことが多いため、どうしても東京に宿泊施設が必要です。そこで2007年から都心の小さなマンションを借り事務所にして、家に戻れないときは、事務所のソファーで寝泊まりをしています。もちろん、電車があるときは、家に戻ります。

13年にわたる都心とトカイナカのパラレル生活を経験した結果、**「都心は人の住むところではない」**という考えに至りました。

たとえば朝、所沢では鳥のさえずりで目が覚めますが、都心ではパトカーのサイレンとか、バイクの爆音で起きます。それが1日ぐらいであれば「仕方ないかな」と思うのですが、年がら年中となるとまったく話が変わってきます。

都心の地価のバブルは間もなく崩壊すると書きましたが、いまはそのピークの状態にあると考えられるでしょう。アパートでも3畳一間で8万円などという、信じ難いほど高い賃料が設定されています。

その狭い中で暮らそうと思うなら、「断捨離」しかありません。徹底的に物を排除する。テレビやパソコン、冷蔵庫すらない人もいます。そういう人に「どうやって生きていくの？」と聞くと、「コンビニがある」と答えるわけです。目の前のコンビニエンスストアで必要な物を買えば、冷蔵庫は必要ないという考えです。しかし、そのような暮らしは食費を必要以上に高いものにするし、地震などのリスクに対してあまりに脆弱《ぜいじゃく》と言えます。

食品は腐るため買いだめができず、生活用品を大量に買うとストックする場所がありません。そのため、コロナ禍のような緊急事態になると、スーパーに殺到。商品の奪い合いが始まり、生活が回らなくなってしまいます。

≪都心に比べて災害リスクが低い

都会に比べると、トカイナカは災害のリスクに強いのが特長です。東日本大震災の時も、私の家族はほとんど困りませんでした。普段から家の中に物が山のように積んであるし、食料も1カ月もつぐらいのストックはあります。

とくに玄米は、長期の保存が可能です。食べる分だけ、近くのコイン精米機で精米します。都心ではコイン精米機を見たことがありません。玄米で米を保存する発想が希薄なのでしょう。所沢にコイン精米機があるのは、玄米で米を保存する家庭が多いという何よりの証左です。

私は自分で畑もやっていますし、家の周りは畑だらけなので、**スーパーに買いに行かなくても、旬の野菜が農家の「直売所」で買えます。**ケージのようなものが置いてあり、そこに100円を入れて持って帰る方式です。

コロナ禍では、ニューヨークで野菜が買えなくなりパニックになりました。ところが私のところは野菜がなくなることはありえません。近所の畑だけではなく、わが家の庭にも畑にも、野菜が植えてあるからです。

以前、家内と買いものに行った時の話ですが、近所の酒屋で「カブトムシ1匹100円でお譲りします」という看板を見つけました。それを見て、家内が「あの酒屋のやり方は悪徳商法だ。カブトムシなんか、そのあたりの林に行けばいくらでもいる」と怒っているので、「ちょっと待って。カブトムシは東京では1匹1000円で売っているよ」と説明しました。そういう環境が東京からそれほど離れていない場所にあるということを、多くの人はもっと知るべきでしょう。

テリー伊藤さんが、東京大空襲を経験した女性から聞いた話を教えてくれました。東京が火の海になって食べるものがなく、女性はずっと北に向かって歩いていったそうです。ようやく食べ物を手にできたのは、埼玉県に入ってからだったそうです。**都会とトカイナカの違いを象徴する話です。**

≪駅から少し離れると、田園風景が広がる

私が住む所沢市は人口約34万人、と決して小さな市ではありません。人口の規模では高槻市（大阪府）、大津市（滋賀県）、旭川市（北海道）、高知市（高知県）などと同程度。そのため、所沢駅周辺は都内と遜色《そんしょく》のない賑やかさですが、駅から20分程度の距離になると風景は一変し、田園風景が広がります。私の場合、駅に出る時は家内に自動車で送ってもらいますが、信号の引っかかり方次第ですが5、6分で到着します。

その程度の距離で、それほど田舎になるのかと驚かれる方もいることでしょう。しかし、現在の住宅市場では当たり前のことです。需要があるのは、駅から徒歩10分以内の物件。わが家は歩けば、おそらく17〜18分だと思います。わが家よりもさらに離れると、劇的に安くなります。一戸建てがキャッシュで買えます。

都心の生活に慣れてしまうと、駅やスーパーが近くないと不便に感じてしまうかもし

れませんが、**マイカーを利用すれば駅の近くに住む必要はありません。**

ちなみに、わが家には安いものばかりですが、車が3台あります。これもトカイナカに住むメリットです。博物館の駐車場も入れれば11台分のスペースがあります。

先日、「農作業用に軽トラを買いたい」と言ったら家内に叱られました。「農作業するとき、軽トラが便利だろ」と言ったのですが、「スーパーに軽トラで行けると思ってるの？」と。合わせてお願いした耕運機も却下されました。家内の壁は高いものがありますが、トカイナカに住めば車の選択肢は多くなります。

また、都会を離れるほど、ガソリンが安くなります。私の事務所がある都内のガソリンスタンドは、リッター150円台の看板が出ていますが、埼玉では1リッターあたり20円以上安いです。埼玉は東京に比べて地価が安く、また、幹線道路も多くあるためにガソリンスタンドの激戦区で、値下げ競争になりがちという事情もあるのでしょう。

都会での生活では、**駐車場コストが問題**になります。

私が住む場所では、借りれば月に6000円から7000円です。都心の仕事場にしているマンションの駐車場は4万3000円ですが、所沢ならアパートが借りられる金額です。この点だけをとっても、都心は住むのに適した場所ではないと感じます。

MORINAGA's EYE

Q33 トカイナカ生活のメリットは？②

暇とは無縁の「自給自足生活」

トカイナカ生活で何が楽しいかといえば、何といっても農業です。**田園に囲まれた地元で農作業ができます。**

新型コロナウイルス禍で緊急事態宣言が発令され、不要不急の外出の自粛を要請され、多くの人がストレスを溜め込んでいたことでしょう。特に都市部では親はテレワーク、子供は学校が休みかオンライン授業となり、家族全員が1か月も2か月も狭い家の中で閉じこもって、知らず知らずのうちにイライラが募ったことと思います。

近所の公園に散歩に行ったり、ボードゲームなどを買い込んだりした人たちもいたと聞きます。私の場合は、執筆の仕事と博物館の整理以外はずっと農作業で、緊急事態宣言前より忙しくなりました。

私は2年前から群馬県昭和村で、ミニ農業をしてきました。仕事があるので、多い時でも週に一度しか出かけられないのですが、プロの農家が畑の整備と苗や種の準備、そして農作業のあらゆるアドバイスをしてくれるので、10坪くらいの狭い畑でも、家族では消費しきれないほどたくさんの収穫があります。

ところが、今年は新型コロナウイルスの影響で県をまたぐ移動の自粛が求められるなか、昭和村の畑に行けなくなってしまいました。

それでも妻が近所の農家に話をつないでくれて、20坪ほどの畑を借りることができました。その後、もう一か所、近所に畑を借りたので、合計で40坪になりました。本物の農家がやっている面積と比べたら、とてつもなく小さな規模ですが、それでも作業は膨大です。鍬《すき》一本で畑を耕し、石灰を入れ、堆肥《たいひ》を入れ、最後に肥料を入れていきます。これが結構な力仕事なので、運動不足になることはありません。

その後、農協やホームセンターで野菜の苗を買って植え始めたのですが、自粛期間に野菜作りをしようと考えた人が多かったようで、良い苗が手に入りにくくなりました。

そこで、種から育てることにしました。ただ、そうなると、なかなか思い通りには進みません。肥料や水が多すぎても、少なすぎても駄目ですし、大雨や強風が来たり、病気が出たりと、ありとあらゆる困難が立ちはだかります。大変ですが、最後に収穫までたどり着いたときの喜びはひとしおです。

≪ 自分で決められるのが楽しい

畑を始めてから、**近所の人とのコミュニケーションが増えました。**畑をいじっていると、通りかかった近所の人が声をかけてくれるのです。

日々育っていく作物の様子をみるのは、彼らも楽しみのようで、話がはずみます。また、私の畑の周りは、定年後のサラリーマンを中心に、私と同じようなミニ農業をしている人がたくさんいます。彼らは育て方のアドバイスをしてくれたり、種や苗をくれたりします。作物も、「たくさん穫れたから」と言って、分けてくれます。

彼らになぜ農業をずっとやっているのかと聞くと、農業の面白さは二つあると言います。一つは、**思い通りにならない**ことです。自然が相手ですから、いくら習熟していっても、自分の思い通りに育つのは、せいぜい3分の2くらいだそうです。うまくいかないからこそ、いろいろと知恵を使って、柔軟に対策を講じないといけない。そして、手をかければかけるほど、作物が育っていきます。

もう一つの楽しみは、**全部自分で決められる**ということです。サラリーマン時代というのは、思い通りにできないことばかりです。給料は我慢料だという人もいます。それと比べると農業は、すべて自分の考えで自由に出来るので、楽しいのです。

≪ 野菜作りをして初めてわかること

店頭に並んでいる野菜の美しさに気付くようになったのも、農業を始めてからです。

私が育てたきゅうりが真っすぐになる確率は1割ぐらいです。ナスも3割ぐらいは変な形になります。形が悪くても問題ありません。それなのに見栄えが悪いと店頭には並ばないのです。白菜もポリフェノールの塊であるプチプチの斑点ができます。別に害はないのですが、ついていると売れないので、農家はなるべく減らそうとするわけです。その意味で、プロの農家が出荷するまでには、相当な努力があると思います。

科学的根拠はありませんが、農薬を一切使わない野菜は、大地の味がします。土の香りのようなものです。スーパーで売っている野菜には、その香りがありません。逆に嫌みがなくてよいということかもしれないのですが、個人的には、土の香りがする野菜のほうが作り手の気持ちが伝わる気がします。

コロナ禍による外出自粛中に、自宅農園を始めた人も多いのではないでしょうか。シイタケ栽培やハーブの寄せ植えも流行《はや》りました。ミニトマトならプランター1個で簡単に始められます。

すべての国民がどんな形でもよいから、農業を始めてみる。年収を1万円でも多くしようと、サービス残業をしたり上司にゴマをすったりするより、はるかに潤いのある人生と言えるのではないでしょうか。

MORINAGA's EYE

Q34

トカイナカ生活のメリットは？③

物価が驚くほど安い

物価が極端に安いのも、トカイナカの特徴の一つです。

日本の物価はU字構造と言われ、東京、横浜が最も高く、都心から30キロから50キロ圏ぐらいのところが最も安くなります。そこからさらに遠くに行くと、また高くなっていく構造になっているのです。トカイナカを含む地域が、U字のボトムに当たります。

都心から遠くになると、物価が上がるのはなぜでしょうか。

過疎地域を思い浮かべていただくとわかりやすいのですが、そのような地域では、村によろず屋が1軒しかないような状況になります。他の店と価格競争をする必要がないため、商品はすべて定価販売で、都心並みの価格になるのです。

一方、トカイナカや郊外と呼ばれるような地域はロードサイドに多くの店舗があり、そこが激しい価格競争を繰り返します。統計上で見ると都心部とそれほど違いはなく、1割、2割程度の差しかないのですが、それは棚に乗っている通常の商品だけを比較しているからです。

スーパーなどの特売商品の価格をみれば、違いは一目瞭然です。

たとえば、シャンプーの詰め替えは、東京で買うと何百円かになりますが、所沢では1パック78円で手に入れました。特売品の場合、劇的に物価が安くなります。

私が勤務する獨協大学は、東武伊勢崎線の獨協大学前駅にあります。トカイナカよりもずっと東京寄りですが、それでも物価は都心よりずっと安いです。そのため講義が終わると、大学の近くのスーパーで食料を買って都心の事務所に戻るようにしています。

木曜日は大学近くのスーパーのバーゲンの日で、たとえば牛肉の切り落としが100グラム99円と、豚肉並みの値段で売られています。都内の事務所に戻るまでに悪くならないように、持ち込んだ保冷袋の中に食材を詰め込み、時にはネギなど飛び出していますが構わず駅から電車に乗ります。

ある日、買い物を終えて駅に向かっていると、同じ獨協大学のアメリカ人の教員が「何でそんな大量に買いものをしているんだ?」と尋ねてきました。

「事務所の周辺で買うと物価が高いので、大学の近くで食材を買い、都心に持っていくのが経済合理性に適《かな》っている」と説明したところ、アメリカ人の先生も納得した様子で「よくわかった。僕も来週からやるぞ」と納得されました。

≪ 見栄を捨てよう

節約するにあたり、「**もらえるものは何でもいただく**」こともポイントです。

トカイナカは、田舎ほどではありませんが、東京よりは他者との関わりは濃密です。とくに農業を始めると嫌でも周囲の人と関わりますから、それなりに人間関係も生じます。

近所の農家の人が、余った野菜や農協に出荷できない野菜などを持ってきてくれることもあります。先ほども書いたように真っ直ぐなきゅうり、綺麗な形をしたナスでないと出荷できません。非常に美味しい野菜でも出荷できず、自分の家でも食べ切れない分があれば、ご近所におすそ分けしてくれます。これは経済的にも助かりますし、また、おすそ分けしてくれる気持ちが嬉しいのです。

都心部で生活していると、ご近所さんに「ありがとう」「どういたしまして」という機会などあまりありません。田舎のように濃密すぎる関係は、私には少しつらいのですが、トカイナカで行なわれている程度の他者との円滑な関係は、実利もさることながら人生も豊かにしてくれます。

節約方法ということを考えれば、見栄を捨てるのも一つの方法でしょう。私は『いきなり！　黄金伝説。』という番組で１ケ月１万円生活に挑戦した際、１ケ月の食費４２００円で優勝しました。ただ、正直に言うと０円にもできました。

なぜかというとテレビ局に行くと控室に、いつも弁当が積んであります。私の場合、マネージャーはめったに来ませんし、スタイリストはいないので余分にあるわけです。夏場でなければ、それを持って帰り、ラップに包み冷凍しておけば1カ月は食べられます。

ですから、ゼロ円でやれと言われたら可能でした。ただ、番組のディレクターから「芸能人パワーの使用禁止」と言われていたので、ゼロにすることができませんでした。

残った弁当は持ち帰ったほうが節約になりますし、食品ロスの解消にもなるため、一種の社会貢献にもなります。ただ、多くの芸能人は弁当を持ち帰りません。「弁当を持ち帰るなんてセコい」と言われてしまうからです。ただ、そんな世間体を気にしなければ、確実に節約はできます。

また、**スーパーなどから廃棄処分になる食材を分けてもらうのもよいでしょう。**通常、スーパーではキャベツは外の葉を剥いて店頭に出しますが、その剥いた葉は廃棄処分されます。それは産業廃棄物であり、処分するのにも費用がかかります。

そういう事情があるため、私が親しくさせてもらっている店長は、頼めば剥いた葉を譲ってくれます。処分するコストを下げられるから、店側としても好都合です。

もらった葉は鍋に入れて煮れば美味しく食べられます。これも資源の無駄遣いを避け、スーパーの経営効率をわずかでも好転させる社会貢献です。

安いものを安い店で安い時間帯に買うのは、ショッピングの基本。大学近くのスーパーで食材を調達できない時は、午後8時前に都内のマンションの近くのスーパーに行きます。その時間になると店長が5割引のシールを貼り始めるからです。

シールが貼られた商品は、ほぼ埼玉並みの価格になります。もっとも、私だけではなく一緒に店長を〝追跡〟している客は多数います。遠くから見れば鴨の親子の行列のように見えるかもしれません。

このような買い物をする場合のコツは、**献立を決めて買いに行くのではなく、安く手に入れられた物から献立を決めること。**この時代、ネットで調べればレシピはたくさんありますから、どうにかなるものです。

≪ 安い食材も料理次第で美味しくなる

私はいま、ライザップで体を鍛えているということもあり糖質制限をしています。糖質制限は割高になりがちですが、工夫次第で食費をおさえることができます。

たとえば、安いものだと、豆腐は29円、卵は10個98円で手に入れられますが、豆腐と卵をかき混ぜてオムレツを作れば安上がりでボリュームがあり、かつ、ふわふわしておいしい料理が出来上がります。もちろん糖質はほとんどありません。制限があっても、**安い食材で美味しく料理する技術を活用するのです。**

割安で買えて満足感を得ても、人間ですから美味しくなければ、「嫌だな」と思ってしまい長続きしません。そうならないように、クックパッドや節約料理本を活用しながら、料理のスキルを高めてください。

この、物を安く手に入れる手法は食材以外でも利用できます。

自宅の近くでフリーマーケットが開かれるのですが、**着るものは夕方に行くと、ほとんど無料。**みんな持って帰るのが嫌なので「タダで持って帰ってよ」となります。

私はフリマでは博物館にも置けるようなおもちゃをメインに買っていますが、1日で1000円、2000円程度しか使っていないのに、歩けないぐらい持ち帰ることがほとんどです。そこで家内に電話して「自動車で迎えに来てくれ」と救援を要請をするのですが、「こんなに買って、あんた、バカじゃないの」といつも怒られます。

MORINAGA's EYE

Q35

都会との「教育格差」はあるか？

子どもの自立を促し、お受験戦争からオサラバ！

東京で暮らす人たちを見ていて、違和感を抱くのが、子どもの教育です。

有名私立幼稚園・私立小学校に入れるためのお受験対策でしょうか、子どもにブランドものの服を着せ、親も面接のためのトレーニングをするなど、多額の金銭を投じて〝お受験〟をします。そこからエスカレーター式に上がって大学を出て、それが一体何になるのでしょう。

昔はよい学校を出て、よい企業に就職したら一生安泰と言われたものですが、これからは一流企業に入っても、いつ会社が傾くかわかりませんし、他社に買収されて冷や飯を食うなどということもありえます。そもそも、定年まで同じ会社で働くという終身雇用制は過去の遺物と化しています。トップの学校に入ったからといって、よい生活が保証されるとは限らないのです。

社会に出てから求められる能力は、「頑張れる力」だけでなく、どんなに頑張っても自分の力ではどうにもならない状況で発想の転換ができる柔軟性です。

そういう社会になったいまもなお、「名門幼稚園へ」「名門小学校へ」と考えるのは合理性を欠くように思えてなりません。これも都市一極集中の弊害といえます。

≪田舎は最高の教育環境

私が住むトカイナカの教育環境は、都心部とは真逆です。なぜなら、近隣にお受験をするような名門校がないからです。

子どもたちは泥んこになって遊びます。それが、都会の子に比べて不幸と思ったこともありません。むしろ、最高の教育環境だと誇りに思っています。

息子が小学生の頃、小さなヘビをぶら下げて帰ってきたことがありました。すると家内が子どもに向かって「ヘビを家の中に入れるんじゃないって、何度言ったらわかるのよ！」とすごく怒りました。

別の時は、家のカーポートに大きなヘビが巻き付いていたことがありました。私がヘビをどけようと思ったら、家内が自動車から降りてきて「あんた、触っちゃ駄目よ」と言いました。危ないから触るなと言うのかと思ったら「これだけ大きいのは珍しいから写真を撮るからちょっと待って」と言うのです。それが日常です。

都内では庭にヘビが出たため、110番通報したというニュースもあるぐらいで、同じ国のこととは思えません。都会では考えられないような状況ですが、トカイナカにはヘビもトカゲもコウモリもいます。生き物図鑑が売れているようですが、二次元の世界よりも本物が見られるわけですから、子供には堪《たま》らない環境です。

自然の中で生きる、それは都会ではどんなにお金を出してもできません。都心部で庭に木を植えられる家がどれだけあるでしょうか。そんな贅沢なことが、トカイナカでは簡単にできます。

次世代を育てる意味でも、こうしたトカイナカの暮らしができる地域に目を向けることが必要なのではないでしょうか。

もう一度問います。

本当にお受験必要ですか？

新型コロナウイルスは、はからずも経済の仕組みとわれわれのライフスタイルを大転換するきっかけになったと思います。あとは、一人ひとりの心掛け次第で日本の未来は変わっていくでしょう。

おわりに

最後まで読んでいただき、有難うございます。

本書の流れを簡単に振り返ってみましょう。

まず、新型コロナウイルスの影響で経済が大きく減速しましたが、実際はバブルの崩壊であり、新型コロナウイルスはそのきっかけにすぎなかった。さらに、東京は近いうちに直下型地震に見舞われる可能性が高く、この二つの事案で壊滅的なダメージを受けると考えられる。東京の地価は2021年には下落に転じ、一極集中の構図は崩れ、日本のGDPは発展途上国並みに転落していく——。

こうした未来予測の下、東京を離れてトカイナカ生活を始め、年収200万円でも豊かに暮らしていける生活スタイルを確立することが求められています。

まずは、東京を捨てる。

そこから始めるべきでしょう。

たしかに、東京は魅力ある街です。どこに行くにも鉄道で出かけられますし、多くの教育機関があるため子供の教育には有利でしょう。日本だけでなく世界の文化の最先端に位置する都市に住むことは、それだけでステータスを感じる人がいるのも理解できないわけではありません。

しかし、東京、ことに都心部で暮らすことは、とてつもなくハイリスクで不幸をもたらす、と私は考えています。それは今回の新型コロナウイルスの感染拡大ではっきりとわかったのではないでしょうか。

来るべき危機に備えて、トカイナカに移り住み、本業はリモートで行ない、空いた時間に農業をやる。あるいは、自分の趣味に没頭するのもよいでしょう。

時代は変わろうとしています。

私たちは時代に合った価値観を持つことが求められています。もう、東京にこだわる時代ではありません。早く古い価値観から脱却し、新時代に対応できるライフスタイルを模索すべき時代なのです。

過激な提言も多かったと思いますが、多少なりとも本書の経済予測や生活の知恵がお役に立てたら幸いです。

最後になりましたが、本書の編集担当であるPHP研究所の大隅元《げん》副編集長には、たいへんお世話になりました。コロナ禍でニューヨークダウが大暴落した際、まっさきに「森永さんの見立てが知りたい」と執筆を依頼くださり、とても嬉しかったです。執筆のお手伝いをしてくれたジャーナリストの松田隆さんにも感謝申し上げます。

また、どこかでお会いしましょう。皆さん、お元気で！

PHP
Business Shinsho

森永卓郎(もりなが・たくろう)

1957年7月12日生まれ。東京都出身。経済アナリスト、獨協大学経済学部教授。
東京大学経済学部卒業後、日本専売公社（現・日本たばこ産業）、経済企画庁、UFJ総合研究所などを経て現職。主な著書に『なぜ日本だけが成長できないのか』『消費税は下げられる！』『雇用破壊』（いずれも角川新書）、『「価値組」社会』『庶民は知らないデフレの真実』『庶民は知らないアベノリスクの真実』（いずれも角川SSC新書）。2003年刊行の『年収300万円時代を生き抜く経済学』（光文社）では、“年収300万円時代”の到来をいち早く予測した。執筆のほか、テレビやラジオ、雑誌、講演などでも活躍中。

PHPビジネス新書 417

年収200万円でもたのしく暮らせます
コロナ恐慌を生き抜く経済学

2020年7月21日　第1版第1刷発行

著者　森永卓郎
発行者　後藤淳一
発行所　株式会社PHP研究所
東京本部　〒135-8137　江東区豊洲5-6-52
第二制作部ビジネス課　☎03-3520-9619(編集)
普及部　☎03-3520-9630(販売)
京都本部　〒601-8411　京都市南区西九条北ノ内町11
PHP INTERFACE　https://www.php.co.jp/
装幀　齋藤　稔(株式会社ジーラム)
組版　桜井勝志(アミークス)
印刷所　株式会社光邦
製本所　東京美術紙工協業組合

ISBN978-4-569-84726-9

「ＰＨＰビジネス新書」発刊にあたって

わからないことがあったら「インターネット」で何でも一発で調べられる時代。本という形でビジネスの知識を提供することに何の意味があるのか……その一つの答えとして「**血の通った実務書**」というコンセプトを提案させていただくのが本シリーズです。

経営知識やスキルといった、誰が語っても同じに思えるものでも、ビジネス界の第一線で活躍する人の語る言葉には、独特の迫力があります。そんな、「**現場を知る人が本音で語る**」知識を、ビジネスのあらゆる分野においてご提供していきたいと思っております。

本シリーズのシンボルマークは、理屈よりも実用性を重んじた古代ローマ人のイメージです。彼らが残した知識のように、本書の内容が永きにわたって皆様のビジネスのお役に立ち続けることを願っております。

二〇〇六年四月

ＰＨＰ研究所